基礎からの OpenSCAD
オープン　　　　エスキャド

部品をプログラミングでつくる!

はじめに

「OpenSCAD」(オープン・エスキャド)は、名前のとおり、オープンソースの「3D-CADソフト」です。

「3Dプリンタ」や「CNCフライス」などで立体を造形する際に使う、「.STL」ファイルなどの立体データを作ることができます。

*

「OpenSCAD」は、ほかの「3D-CADソフト」とは大きく異なる点があります。

それは、「プログラムを書いて、立体を造形する」という点です。

ほかの「3D-CADソフト」は、マウスなどを使って「GUI環境」上で感覚的に造形するので、一見すると「OpenSCAD」は取っ付きにくいと感じるかもしれません。

しかし、「プログラムの文法」や「ソフトの使い方」は複雑ではないので、すぐに慣れることができます。

そして何より、「OpenSCAD」は「ライブラリ」を利用して、造形機能を簡単に拡張できます。

「ライブラリ」も、自作プログラムと同様に、普通のプログラムの文法で書かれたものです。

そのため、使い慣れれば、ほかのCADソフトに比べても簡単に複雑なものを作れるようになります。

*

この本では、「OpenSCAD」の基本的な使い方、プログラミングの解説に加えて、ネットで公開されている便利なライブラリも紹介しています。

一人でも多くの人が「OpenSCAD」を利用して、立体の造形を楽しんでいただければ幸いです。

nekosan

基礎からの OpenSCAD

CONTENTS

はじめに 3

「サンプル・ファイル」「附録PDF」のダウンロード 6

第1章	「OpenSCAD」の概要

[1-1] 「OpenSCAD」とは 7

[1-2] 動作環境 16

[1-3] 本書で取り上げる内容 17

第2章	「OpenSCAD」のインストール

[2-1] インストール手順 18

[2-2] 起動と終了 22

第3章	画面の構成と操作

[3-1] 各部の意味 26

[3-2] 基本的な操作方法 30

[3-3] 立体の表示の切り替え（グラフィック環境） 40

第4章	造型の流れ

[4-1] 立体の造型とは 43

[4-2] 「OpenSCAD」の造型の流れ 45

第5章	「3Dプリミティブ」で造型

[5-1] 本章の目的 48

[5-2] 3Dプリミティブ 49

[5-3] 「Action命令」と「修飾命令」 55

[5-4] 「中括弧」と「インデント」 58

CONTENTS

[5-5]	主な修飾命令	61
[5-6]	「CSG演算」の利用例	63
[5-7]	コメント文	65
[5-8]	「プリミティブ立体」と「CSG演算」の応用	66

第6章　2Dオブジェクト

[6-1]	「2Dプリミティブ」と「2Dオブジェクト」	74
[6-2]	2D図形から「押し出し」で、3D立体を造形	82
[6-3]	分解能に関する「特殊変数」	88
[6-4]	2D図形の応用	92
[6-5]	modifier character	96

第7章　「OpenSCAD」と「関数型言語」

[7-1]	「関数型言語」を使った造型	102
[7-2]	「関数型言語」とは	104
[7-3]	「変数」と「パラメータ」	108
[7-4]	「for」による繰り返し	117
[7-5]	スコープ	121
[7-6]	「パンフルート」を作る	129
[7-7]	条件判断文（ifと三項演算子）	136
[7-8]	「時計の文字盤」を作る	141
[7-9]	「エラー」や「警告表示」の場合の対応	145

第8章　ファイル入出力機能

[8-1]	データ搬出機能（export）	148
[8-2]	外部データ入力機能（import/surface）	156
[8-3]	ライブラリ入力機能（include/use）	160
[8-4]	「外部ライブラリ」の利用	168

「附録PDF」について	185
索引	190

「サンプル・ファイル」「附録PDF」

本書の「サンプル・ファイル」(プログラム、ムービー)と「附録PDF」は、工学社のサポートページからダウンロードできます。

＜工学社ホームページ＞

http://www.kohgakusha.co.jp/

ダウンロードしたファイルを解凍するには、下記のパスワードを入力してください。

tGH8fAxGkTq6

すべて「半角」で、「大文字」「小文字」を間違えないようにしてください。

「図の説明文」や「プログラムのタイトル」にある「.scad」のファイルは、「サンプル・プログラム」に用意されています。

●各製品名は一般に各社の登録商標または商標ですが、®およびTMは省略しています。

第1章
「OpenSCAD」の概要

本章では、「3D-CADソフト」「3D-CGソフト」などの周辺事情を説明しながら、「OpenSCAD」とはどのようなソフトなのか、何ができるのかを解説します。
その後、立体の造形の流れについても概観していきましょう。

1-1 「OpenSCAD」とは

■「スクリプト言語」を使った、「3Dモデリング」のツール

「OpenSCAD」(オープン・エスキャド)は、3Dの立体データを作るための「3D-CAD」(Computer-Aded Design)ソフトです。「オープンソース・ソフト」のため、無償で利用できます。

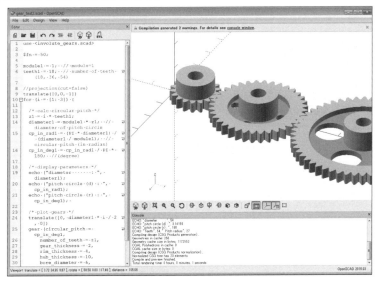

「OpenSCAD」の編集画面の例(sample_3gears.scad)

7

第1章 「OpenSCAD」の概要

「OpenSCAD」で作った立体データは、一般的な 3D-CAD ソフトと同様に、「3Dプリンタ」や「CNCフライス」などの機器で「立体物」を加工する際の、「3Dデータ」を作るときに利用できます。

また、「2Dデータ」の出力機能ももっており、「レーザーカッタ」などでカット加工をするときの「2D図形」を描く場合にも利用できます。

＊

「OpenSCAD」は、一般的な 3D-CAD ソフトと同じように利用できますが、大きく異なる点があります。

それは、造形を行なうのに、**"立体の形状をプログラムで記述する"** ということです。

そのため、一般的な 3D-CAD ソフトでは、「GUI画面」で部品を操作しながら造形を行ないますが、「OpenSCAD」の 3D画面では、立体物の造形や移動などの操作はできません。

> ※「OpenSCAD」にも「3D表示」の領域はありますが、これは単に立体物の「プレビュー」を行なうためのものです。

「プログラム」で記述するよりも、「GUI画面」上でマウス操作するほうが簡単な場合も、確かにあるでしょう。

しかし、「幾何学的」な立体形状や、「複雑な条件で反復」するような形状といった造形では、「GUI画面」では作業手順が多くなり、とても手間がかかる場合があります。

そのような場合、逆に「プログラム」による造形のほうが、楽に作業ができます。

> ※先ほどの図や次の図のように、「.scad」のファイル名が記載しているものは、工学社のサポートページから「**サンプル・プログラム**」をダウンロードできます。
> なお、プログラムの使い方については、以降の内容で説明していきます。

1-1 「OpenSCAD」とは

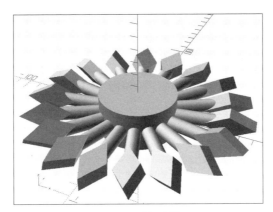

複雑な条件で、たくさん反復する形状の例(pattern_sample.scad)

■「ヒストリ型」と「ノンヒストリ型」

　3D-CADソフトは、大きく「**ヒストリ型**」と「**ノンヒストリ型**」に分けられ、「OpenSCAD」は「ヒストリ型」に分類されます。

　「**ヒストリ**」とは「履歴」のことです。
　どのような加工を行なったのかの手順(作業の履歴＝ヒストリ)を、1つ1つ覚えておいて、後で修正をしたいときにその履歴を辿って、途中の作業ステップごとに修正が可能なのが、「ヒストリ型」の特徴です。
　「OpenSCAD」は、プログラム自体が加工手順の1ステップを意味するので、一種の「履歴」として機能します。

＊

　一般に「ヒストリ型」の3D-CADソフトは、機械部品などの幾何学的なものを、少しずつ調整しながら造形するのに向いています。
　加工の途中段階で行なった作業を、後から訂正することができるためです。

　たとえば、「立体物の一部分だけサイズを見直す」とか「ねじ穴の位置を後から微調整」といったことが容易にできます。

＊

　一方、「ノンヒストリ型」の3D-CADソフトは、複雑な形状や有機的な形状、意匠をこらした形状などを造形するときに向いています。
　「ノンヒストリ型」で加工をする場合、常に最新時点(最終時点)の形状に対して、何らかの加工を追加していくことで、複雑な形状を仕上げていきます。

第1章 「OpenSCAD」の概要

> ※「ノンヒストリ型」での加工は、「粘土細工」に似ています。
> 　粘土を加工する場合、部品をくっつけたり、穴を空けたり、延ばしたり縮めたりといったように、「今の状態に次々加工を加えていく」ことで、造形を行ないます。
> 　これは、下記で触れる「3D-CGソフト」の造形イメージとも似ています。

　それゆえ、一度加工してから、あとで「途中の工程だけやり直す」ということができません。
　たとえば、『ネジ穴の数や位置を後から修正したい』と思っても、単純にはできないのです。

　しかし、有機的な形状を加工するときや、カット＆トライで造型していきたい場合は、直感的に造形ができる「ノンヒストリ型」のほうが作業しやすいと言われています。

*

　「ヒストリ型」「ノンヒストリ型」は、どちらが優れているというわけではありません。
　加工する目的物によって、それぞれを使い分けるといいでしょう。

　「ノンヒストリ型」の3D-CADソフトをちょっと試してみたいという場合のお勧めとして、Autodesk社の「123D Design」があります。
　無料で利用でき、分かりやすい操作系なのが特徴です。

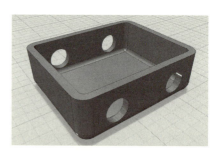

「ノンヒストリ型」の3D-CADソフトの例
(「123D Design」を使った加工の様子)

■「3D-CG」と「3D-CAD」の違い

　3Dデータを作るソフトには、大きく分けて「**3D-CGソフト**」と「**3D-CADソフト**」があります。

*

　「3D-CGソフト」は、SF映画のCGに登場するような、「恐竜」や「宇宙人」などの架空の生き物や、「未来都市」の建造物といった、「有機的な曲面の立体」を作るのに向いています。

1-1 「OpenSCAD」とは

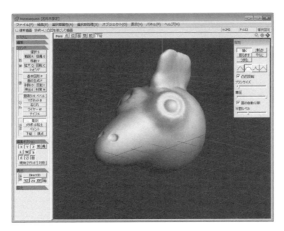

「3C-CGソフト」の例

　「3D-CGソフト」は、"手で粘土をこねる"感じで立体物を生成していきます。
　生き物のような立体を作るときに便利な反面、正確な寸法の機械部品といったものを作るのは、あまり得意ではありません。

＊

　一方、「3C-CADソフト」は、立体の造形を「寸法」や「角度」を使って、正確に表現するのが得意なソフトです。
　機械部品や、機器の箱などの、「幾何学的な立体」を作るときによく用いられます。ただし、生き物のような有機的な曲面を作るのは苦手です。

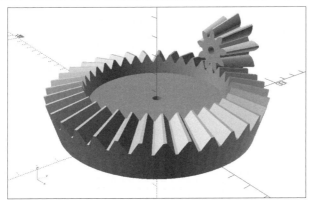

「3D-CADソフト」による機械的な造形の例(bevelgear_pair.scad)

　「3D-CADソフト」は、造形を行なう際に「**プリミティブ立体**」というものを組み合わせることで、立体を作り上げていきます。

11

| 第1章 | 「OpenSCAD」の概要 |

「プリミティブ」とは、"素朴な"とか"原型"といった意味で、「3C-CADソフト」では、「直方体/立方体」「球」「円柱」「円錐/多角錐」「ドーナツ型」などの、比較的単純な立体が、「プリミティブ立体」として利用されます。

また、複雑な立体の場合は、こうした「プリミティブ」の組み合わせだけでは造形できないため、「数値計算結果」などを元に「**ポリゴン**」を生成し、その「ポリゴン」の組み合わせで立体を造形することもあります。

「OpenSCAD」でも、こうした「プリミティブ立体」や「ポリゴン」を利用して、複雑な形状の立体を作ることが可能です。

■ 造形作業の流れ

一般的な「3D-CADソフト」では、「プリミティブ立体」を配置し、移動、組み合わせ、加工といった調整を、マウスを使って操作して、目的の立体に仕上げていきます。

ソフトの仕様上、「操作」と「見た目や効果」が直感的に連携しているので、操作自体はとても理解しやすいのが特徴です。

*

「OpenSCAD」でも立体を作っていく流れは同じです。

「プリミティブ立体」を配置して、位置を微調整して、立体同士を組み合わせて…という流れで、目的の立体に仕上げていきます。

ただし、異なるのは、すべての「造形操作」は「プログラム」によって行なうということです。

物体を配置するのも、位置を微調整するのも、立体同士を結合したり、削り取ったりといった操作(「**CSG演算**」と呼びます。詳しくは後述)も、すべて「プログラム」の記述で行ないます。

このため、操作に慣れるまで、苦労するところがあるかもしれません。

しかし、一度慣れてしまえば、GUI操作のCADではありがちな「同じ作業を手作業で繰り返し」という行為を、プログラムに自動的に、正確に行なわせることも簡単にできます(言い換えれば、"手抜き"が可能)。

たとえば、「座標」や「長さ」といった値に「変数」や「関数」などを利用したり、「繰り返し処理」などを自由に組み合わせたりできます。

1-1 「OpenSCAD」とは

そうした機能が使いこなせるようになってくると、「OpenSCAD」での加工作業のほうが、いろいろな点で融通が利いて、便利に思えてくると思います。

> ※最初は「操作の流れ」に戸惑うところが多いと思うので、工学社ホームページからダウンロードできる「**サンプル・ムービー**」を参考にして、「プログラムを作りながら、立体を仕上げていく」という流れを掴んでください。

■「関数型言語」の採用

「OpenSCAD」は専用のオリジナル言語を使い、プログラムの記述で立体を造形します。

このプログラム言語は、見た目的には「**C言語**」の文法にかなり似ています。(といっても、「C言語/C++」のような、難解な「ポインタ」や「オブジェクト指向」などの概念は登場しないので、安心してください)。

「C言語系」と呼ばれる、「Ruby」「PHP」「Java」「JavaScript」などの言語を多少でも触ったことのある方なら、大きな違和感なく、容易にプログラムが書けると思います。

また、立体の造形に特化した言語なので、あまり複雑な文法は登場しません。

*

ただ、「OpenSCAD」のプログラム言語は、これらの言語とは少し異なる思想に基づいた言語仕様となっています。

一般によく使われるプログラム言語は「**手続き型言語**」と呼ばれるのに対し、「OpenSCAD」で利用されるのは「**関数型言語**」と呼ばれます。

「関数型言語」の代表的なものには、「OCaml」「Haskell」などがあり、これらはしばしば、「難解な概念が登場する言語」と言われています。

しかし、「OpenSCAD」は、あまりこの「関数型言語」について深く理解しなくても、立体を作ることはできます。

本書では、立体を作ることを目的に置いているので、あまり深く「関数型言語」について掘り下げません。

それでも、一般的な「手続き型言語」について知っていれば、難なく理解し、使いこなせると思います。

13

第1章 「OpenSCAD」の概要

また、あまりプログラム言語を使ったことのない人でも、この本を通して立体を作れるように解説していきます。

> ※「関数型言語」の特徴については、付録PDFの「OpenSCAD」に関する範囲で、少しだけ掘り下げます。

■ 機能を拡張するライブラリ

「ライブラリ」は、「OpenSCAD」を利用する上でとても役に立つ機能です。

「ライブラリ」とは、プログラム(やその一部)を「ひとまとまり」にして使いまわせるようにした「部品」と呼べるものです。

しばしば登場するような、汎用的な造形を行なう処理をひとまとめに切り出しておいて、それらが必要になったときに、自分のプログラムに取り込んで利用します。

ネット上では、「ネジ」や「ギア」など、さまざまな「ライブラリファイル」が公開されています。

それらをダウンロードして利用(後述するincludeやuse命令を使用)することで、自分で作るのが大変な複雑な立体も、比較的簡単に作ることができます。

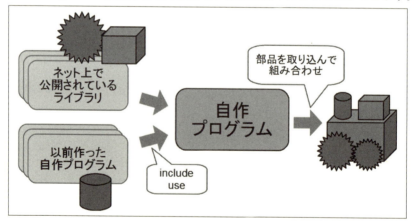

「ライブラリ」の利用イメージ

「OpenSCAD」のコミュニティは、海外サイトが多いため、利用方法などが英語表記のものが多いのですが、本書ではそれらの中でも利用頻度が高く、便利なライブラリとして、「ネジ」や「ギア」「文字の浮き彫り」を行なうライブラリについての入手や利用の方法を解説します。

14

1-1 「OpenSCAD」とは

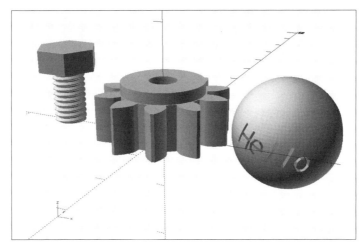

ライブラリを使った「ネジ」「ギア」「文字」(library_sample1.scad)

また、自分のプログラムの中でよく利用する機能を「ライブラリ」として再利用することや、部品として括り出して「オリジナルのライブラリ」を作ることも簡単にできます。

■一般的な「3D-CADソフト」より扱いやすい拡張性

一般的な「3D-CADソフト」でも、外部データを「部品」のように取り込んで利用することは可能です。

しかし、それらは「出来上がった部品」をただ取り込むだけの機能です。

たとえば、「ネジ」について言えば、太さや長さまで確定した「完成品状態」の立体を取り込めるだけです(「OpenSCAD」でも、ほかのソフトで作った立体を取り込むことは可能)。

もちろん、一般的な3C-CADソフトでも、「**マクロ機能**」などをもっているものも多く存在します。

「マクロ機能」を使うと、自由な長さ、自由な太さのネジを作るといったことも可能です。

ただし、「マクロ機能」は、それぞれ独自の「マクロ言語」を使ってプログラミングする必要があります。

そのため、「通常のGUI操作」と「マクロ言語による機能拡張」の両方の知識が必要となり、これらの間には大きな「技術的、心理的な敷居」があると言えます。

第1章 「OpenSCAD」の概要

*

「OpenSCAD」の場合は、「普段造形に使うプログラム」も、「ライブラリの中身」も、どちらも同じ文法で書かれたプログラムなので、これらの間に敷居はまったくありません。

さらには、以前作ったプログラムを一切修正することなく、「ライブラリ」として直接取り込んで利用することもできます。

つまり「OpenSCAD」は、公開されているライブラリを利用する場合も、自分でライブラリを用意する場合も、どちらにしても機能の拡張がとてもしやすい3D-CADソフトだと言えます。

1-2 動作環境

■ マルチプラットフォーム

「OpenSCAD」は、「Windows」「Mac OS X」「Linux」などのマルチプラットフォームで利用することができます。

本書では主に「Windows版」を例に取り上げますが、インストールの手順や、ファイルの保存先フォルダのパス指定などを除けば、基本的にはすべて同じ操作、同じプログラミングの文法で利用することが可能です。

また、「Windows版」で作ったプログラムを、「Mac OS X」や「Linux」で利用したり、その逆も可能です(改行コードなども、自動的に読み替えが行なわれます)。

*

なお、利用するOSやハード構成によって、GUI画面の3D表示が若干異なる可能性がありますが、それは画面表示だけの問題で、立体データの出力機能には影響ありません。

> ※執筆時点で確認したところ、「Ubuntu(Linux)版」を通常のリポジトリからインストールすると、「Windows」の最新版より少し古いバージョンが適用されるので、本書で触れている「新機能」に対応していない部分があります。
> このため、「Ubuntu」の場合は、後述する手順で、最新版を公開しているリポジトリを登録し、最新版をインストールして利用することをお勧めします。

1-3 本書で取り上げる内容

本書では、以下の点について触れながら、「OpenSCAD」の使い方を理解し、ある程度複雑なものを作る方法や、それを「3Dプリンタ」や「CNCフライス」で利用するまでの流れについて学んでいきます。

---

①「OpenSCAD」の導入
②「OpenSCAD」の使い方
③造形の方法、流れ
④「OpenSCAD」の文法
⑤「3D-CAD」の隣接領域

まず、**第1章**から**第4章**までの内容で、①〜③について解説します。

第5章以降では、「OpenSCAD」の文法の解説と、それらを使った造形の例を示しながら、各命令の使い方に触れ、その応用の方法を説明していきます。

「OpenSCAD」は、プログラミングによって3Dの立体形状を造形するCADなので、④の「文法」は押さえておく必要があります。

しかし、「OpenSCAD」のプログラム言語は、3Dの立体造形関係だけに限定されています。そのため、覚えることや理解することは、他のプログラミング言語に比べて、それほど多くはありません。

*

「OpenSCAD」は、他の「3D-CADソフト」と比較すると、操作や造型の方法が特殊です。一般的な「3D-CADソフト」では、部品の配置や加工などを、GUI画面でマウスなどを使って操作することができます。

一方、「OpenSCAD」では、GUI画面の操作は「視点の移動」や「ズーム」といった「見え方の調整」しかできません。「加工」や「移動」などの操作は、すべてプログラムの編集(修正)によって行ないます。

また、「プログラムの文法」や「GUI操作方法」を踏まえつつ、複雑な立体を作り上げていく流れや、細かい部分を微調整していく機能の使い方、複雑な立体を作っていく上で必要となる、「モジュール」や「関数」「ライブラリ」の使い方、「プログラムのデバッグ方法」などについても触れていきます。

さらに、**附録PDF**では、出来上がった3D立体データを、「関連ソフト」や「3Dプリンタ」「CNCフライス」などのツールで、どのように使われるのか、といった隣接領域について触れています。

第2章 「OpenSCAD」のインストール

本章では、Windows環境の解説を中心に、「Mac OS X」「Linux」なども含めて、「OpenSCAD」のインストール方法について説明します。
なお、解説するバージョンは、執筆時点の安定版である「OpenSCAD 2015.3-2」を利用しています。

2-1　インストール手順

■ ダウンロード

　Windows用インストーラのアーカイブが、「OpenSCAD」のページで公開されています。
　お使いのOSのバージョン（64ビット/32ビット）に合わせてダウンロードしてください。

インストーラのダウンロードページ
http://www.openscad.org/downloads.html

インストーラのダウンロードページを開くと、「OpenSCAD 2015.03-2」（執筆時点の最新の安定バージョン）の、「**zip版**」と「**exe版**」のファイルがダウンロードできます。

どちらかをPCにダウンロードしてください（アイコンをクリックすると、ダウンロードできます）。

＊

以降では、「zip版」（圧縮アーカイブ）と、「exe版」（インストーラ）、それぞれの使い方について触れます。

■ インストール

「zip版」では、インストールの作業は不要です。

解凍すると、そのフォルダに「OpenSCAD」の実行ファイルがあり、それをダブルクリックすると「OpenSCAD」がすぐに起動します。

「exe版」は、ダウンロードしたファイルが、いわゆる「インストーラ」になっています。これを実行すると、インストール作業が始まります。

画面の指示に従って進めていき、インストールが完了すると、「OpenSCAD」がWindowsの「プログラムメニュー」に登録されます。

基本的には「exe版」「zip版」のどちらを利用してもかまいません。好みに合わせて選択してください。

普段、「プログラム・メニュー」からプログラムを起動するのに慣れている方は「exe版」を、複数のバージョンを同時に使い分けしたい方は「zip版」を使うのがお勧めです。

> **!注意**
>
> 　「OpenSCAD」などの海外系のソフトは、インストール先フォルダや、後述する各種入出力ファイル（ライブラリや画像ファイルなど）が、「全角文字を含むパス」に置かれているとエラーになり、動作できない場合があります。
> 　このため、インストール先フォルダや、ファイルを保存するフォルダは、「全角文字」を含まない場所を使ってください。

第2章 「OpenSCAD」のインストール

■ Windows以外のOSについて

　メジャーなOSの場合、各種OS用のリポジトリで公開されています。
　「Mac OS X」の「MacPorts」や、「CentOS」の「yam」、「Debian/Ubuntu」の「apt-get」を使って、簡単にインストールできます。

　ただし、「Ubuntu」の場合、標準のリポジトリからインストールされるのは古いバージョンのため、最新版を公開している「**PPA**」(Personal Package Archives)を指定してインストールする必要があります。
　先ほどのダウンロードページには、「PPA」を指定して「コマンドライン」でインストールする方法について書かれています。

　コマンドラインではなく、「Ubuntuソフトウェアセンター」を利用したい場合は、以下のように、「OpenSCAD」の最新版を公開している「PPA」を、「APTライン」に追加してから、インストールしてください。

「aptライン」を入力する画面（XUbuntuの例）

2-1 インストール手順

※「Ubuntuソフトウェアセンター」→「編集」→「ソフトウェアソース」で「ソフトウェアとアップデート」のウィンドウを開き、「他のソフトウェア」タブで「追加」ボタンを押下し、「PPA」のAPTラインを入力します。

筆者がインストールしたときには、「ppa:openscad/releases」でしたが、正確なAPTラインのアドレスは、「OpenSCAD」のダウンロードページで、最新情報を確認してください。本書で触れている「新機能」に対応していない部分があります。

このため、「Ubuntu」の場合は、上記の手順で、最新版を公開しているリポジトリを登録し、最新版をインストールして利用することをお勧めします。

「BSD系」や「Linux ARCH」など上記以外のOSでも、それぞれの「**パッケージ・マネージャ**」(pacmanやpkginなど)を利用するか、プログラムの「**アーカイブ・ファイル**」を入手して自前ビルドするなどで、インストールが可能です。

■ バージョンアップ情報などの告知

バージョンアップなどが行なわれた場合、その変更内容については、次のページに記載されます。

＜「OpenSCAD」公式のNewsページ＞

```
http://www.openscad.org/news.html
```

最近は、年に1回前後の頻度でバージョンアップされているようです。

バージョンアップの都度、新しい便利な機能が追加されているので、ときどきはこのページをチェックしてみてください。

第2章 「OpenSCAD」のインストール

2-2 起動と終了

「zip版」の場合は、解凍して出てきた「exeファイル」をダブルクリックして起動します。

また、「exe版」でインストールした場合は、Windowsの「プログラム・メニュー」から「OpenSCAD」をクリックして起動してください。

*

実行すると、最初に「Welcome to OpenSCAD」という画面が開きます。

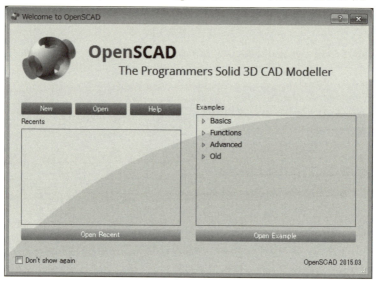

「Welcome to OpenSCAD」の画面

この画面では、
①「New」(新規プログラムの作成)
②「Open」(保存ずみのファイルを開く)
③「Help」(ヘルプページを開く)
④「Example」(使用例を開く)
が選べるようになっています。

2-2 起動と終了

①New(新規プログラムの作成)

「New」を選択すると、「OpenSCAD」の編集画面(メイン画面)が開きます。

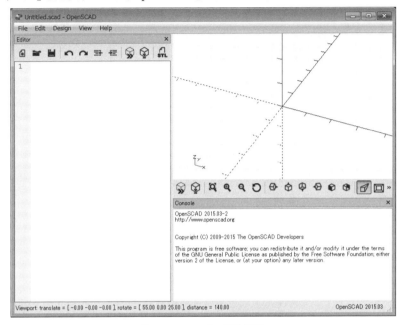

「OpenSCAD」の編集画面

終了するには、ファイルメニューから「File→Quit」と辿ります。

＊

各アイコンの具体的な使い方などは、次章以降で説明します。

また、編集画面のファイルメニューは、一般的なWindowsソフトに準じているので、あまり戸惑う部分はないと思います。

各メニューの詳細についても、次章で解説します。

第2章 「OpenSCAD」のインストール

②Open(保存ずみのファイルを開く)

以前作って保存しておいたファイルを開くときは、「Open」をクリックします。

クリックすると、ファイル選択のダイアログが表示されるので、保存してあるプログラムファイルを選択して、「開く」をクリックします。

③Help(ヘルプページを開く)

「Help」をクリックすると、「ユーザー・マニュアル」(英文)のページが開きます。

文法事項や操作方法などについては、ここで一通り調べることができます。

「OpenSCAD User Manual」のページ

④Example(使用例を開く)

「Examples」のリストから、見たいサンプルの名前(ドロップダウンになっています)を選択して、「Open Examples」をクリックすると、サンプルのプログラムを開くことができます。

> ※「Exsamples」にあるファイルは、「New」や「Open」で起動したあとに、ファイルメニューから「File→Examples」で開くこともできます。

2-2 起動と終了

本書と並行して、もしくは本書を読み終わった後に、これらのプログラムを動かしてみたり、修正を試してみたりすることで、理解が深まると思います。

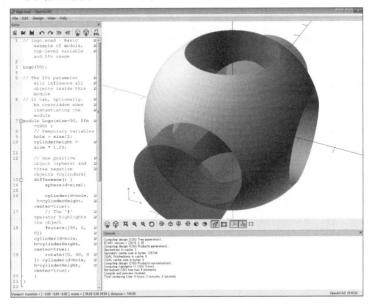

「Examples」の「Basics→logo.scad」を開いてプレビュー

※通常は、起動時に「Welcome to OpenSCAD」の画面を開く設定のままにしておくと便利です。
　しかし、常に直接「編集画面」を開きたいという場合は、「Don't show again」のチェックボックスをオンにしておくと、起動時に「編集画面」を開く設定にできます。

　再度開くには、「Preferences」の画面の「Advanced」タブで、「Show Welcome Screen」にチェックを入れます。
　「Preferences」の詳細は**附録PDF**を参照してください。

25

第3章

画面の構成と操作

本章では、「OpenSCAD」の開発画面がどのような構成になっているのかを解説します。
また、各部の機能や、それらの使い方についても見ていきましょう。

3-1　　　　　　各部の意味

「OpenSCAD」のウィンドウは、大きく、①プログラムを編集する「**テキスト・エディタ**」、②グラフィック表示を行なう「**ビューイング・エリア**」、③各種メッセージが表示される「**コンソール・エリア**」──の3つに分かれていています。

以降では、これら3つのエリアや、各種アイコン、ファイルメニューの役割について説明します。

※これらの操作方法については、**サンプル・ムービー**でも解説しているので、併せて参照してください。

■ テキスト・エディタ

ウィンドウ左側は、プログラムを入力するための「テキスト・エディタ」になっています。
「テキスト・エディタ」の使い方自体は、ごく一般的なWindows用エディタと同じなので、特に迷うところはないでしょう。

*

このエディタは、「Scintilla」のQt版、「QScintilla」という文書編集用ライブラリを利用しています。
特定のキーワードをハイライト表示したり、ペアとなる括弧をハイライト表示したりする機能(これらを「シンタックス・ハイライト」と呼びます)、自動的にタブを設定する機能など、プログラムのソース編集に便利な機能が利用できます。

26

3-1 各部の意味

プログラムの編集作業や、コンパイルの実行など、よく使われる機能については、エディタの上部にアイコンが用意されています。

これらのアイコンは、マウスカーソルをロールオーバーすると、説明が表示されます(各アイコンの意味は、後で触れます)。

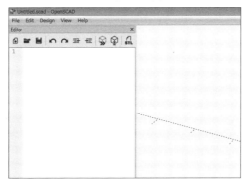

「テキスト・エディタ」の編集エリアとアイコン

■ビューイング・エリア

「ビューイング・エリア」は、プログラムで記述した立体を、3Dグラフィックで表示するエリアです。

マウスの操作によって、見る向きを変えたり、ズームをしたりして、想定どおりに立体が作られているか、3Dグラフィックで確認できます。

表示関係でよく使われる機能は、「ビューイング・エリア」下部にアイコンが用意されています。

視線をきっちり「真横」や「真上」に移動するとか、視線やズームを「初期値状態」に戻すなどの操作が、ワンタッチでできます。
(個々のアイコンの意味は後ほど触れます)。

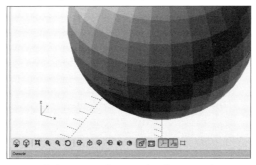

「ビューイング・エリア」と「アイコン」

第3章 画面の構成と操作

＊

さて、一般的な「3D-CADソフト」や「3D-CGソフト」では、3D画面上で「編集操作」(新たに配置、場所の移動や加工などの操作)ができます。

しかし、「OpenSCAD」の場合は、「視線」や「ズーム」などの表示方法の調整だけしかできません。

立体の「移動」や「加工」といった編集操作は、すべて「プログラムの記述」で行ないます。

最初は、こうした操作系に戸惑うところがあると思いますが、使っていけばすぐに慣れるはずです。

> ※ちょっと配置してみて…、場所を少しだけ調整して…、形状や大きさを少しだけ変えてみて…、といった「カット＆トライ」の操作も、慣れれば、一般的なソフトと同じようにできるようになります。
>
> なお、こうした操作を、**サンプル・ムービー**で紹介しているので、慣れるまではこれらも参考にしてみてください。

■ コンソール・エリア

プログラムを記述してから、「プレビュー」や「コンパイル」で立体を表示する際に、そのスクリプトの実行状況や、エラーが発生した場合のエラーメッセージを確認するのが「コンソール・エリア」です。

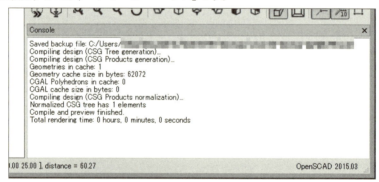

「コンソール・エリア」の表示例

また、プログラムの中では、さまざまな用途で「変数」を利用することになりますが、この「変数」の値を「コンソール・エリア」に表示することもできます。

作ってみた立体が想定どおりにならない場合などに、コンソールに表示された変数の値を見ながらデバッグする、といった用途にも利用できます。

＊

3-1 各部の意味

なお、「コンソール・エリア」も表示専用です。
「コンソール・エリア」からコマンドを入力するなどの「入力機能」はもっていません。
操作は、プログラムの入力や編集、各種アイコン操作、そしてファイルメニュー(次に解説)によって行ないます。

■ファイルメニュー

ウィンドウ上部には、いわゆる「ファイルメニュー」が用意されています。
一般的なソフトと同様に、ファイルを開く、保存する、カット＆ペースト編集といった操作をはじめ、上記の各アイコン類の機能も、一通り「ファイルメニュー」に含まれています。

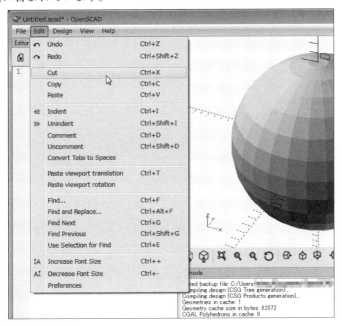

「ファイルメニュー」の表示例

第3章 画面の構成と操作

3-2 基本的な操作方法

■各アイコンの意味と操作

「テキスト・エディタ」や「ビューイング・エリア」に設けられた各アイコンは、マウスカーソルを上に重ねると、その意味がポップアップ表示されます。

*

それぞれのアイコンの意味は、次のようになっています。

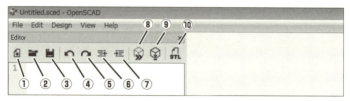

「エディター・サブウィンドウ」のアイコンの機能

①	New	新しい編集画面を開く
②	Open	ファイルを開く
③	SAVE	プログラムをファイルに保存
④	Undo	行なった操作を取り消す
⑤	Redo	取り消した操作をやり直す
⑥	Unindent	インデント量を減らす
⑦	Indent	インデント量を増やす
⑧	Preview	3Dプレビュー
⑨	Render	コンパイルして3D表示
⑩	Export as STL	.STLファイルを出力

※「インデント量」は、ファイルメニューの「Edit」→「Preferences」→「Editor」の画面で変更が可能です。

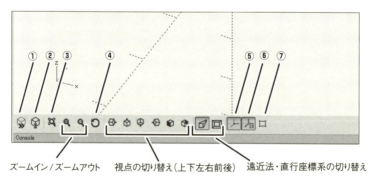

「ビューイング・エリア」のアイコンの機能

①	Preview	3Dプレビュー
②	Render	コンパイルして3D表示
③	View All	すべての立体を表示
④	Reset View	視線とズームを初期値に戻す
⑤	Show Axes	座標軸の表示(非表示)
⑥	Show Scale Markers	座標値の表示(非表示)
⑦	Show Edges	ポリゴンの辺の表示(非表示)

■ テキスト編集の操作

「テキスト編集」機能は、一般的なGUI系ソフトの操作系と同様です。

カット&ペーストのキーボードショートカットなども利用できます。

> ※キーボードショートカットについては、**附録PDF**を参照してください。

「QScintilla」ライブラリの機能によって、プログラム編集に便利な機能が利用できます。

デフォルト設定では、特定のキーワード(言語に組み込まれた命令)を色付きで表示したり、カーソル位置にある括弧(大括弧、中括弧、小括弧とも)を、それと対応する括弧と合わせてハイライト表示したり、といった機能が「オン」になっています。

また、設定によっては、カーソルが存在している行をハイライト表示するなど、さまざまな編集と表示の機能も搭載されています。

適宜、好みの形にカスタマイズして使ってください。

> ※「QScintilla」のカスタマイズについては、**附録PDF**の「Preferences」を参照してください。

*

「QScintilla」には、**自動インデント機能**が搭載されています。

「インデント」は入れなくてもかまいませんが、プログラムの見やすさを確保するために利用することを推奨します。

「インデント機能」は、複数行を選択した状態で行なうと、すべての行を一度に操作できます。

「OpenSCAD」では、「カット&トライ」で立体の位置や角度を調整する場合な

31

第3章 画面の構成と操作

どに、複数行まとめて「インデント」の操作を行なうといった操作を、しばしば利用することになります(詳しくは、操作説明の**サンプル・ムービー**を参照してください)。

「インデント」の量は、「Preferences」で好きなように設定できます。
本書では、「半角スペース2文字」に設定しています。

＊

「テキスト編集エリア」の左端には、「**行番号表示**」と併せて、ブロック単位で**フォールディング機能**(中括弧で囲まれた下位部分を一時的に折りたたんで隠す)が搭載されています。

プログラムが長くなったときに、プログラムの枝葉部分を折りたたんで(一時的に隠して)、全体概要をつかみやすくするための機能です。

「フォールディング機能」は、各種エディタに搭載されているものと機能的に同じなので、利用にあたって戸惑うところはないでしょう。

> ※「フォールディング」される単位は、「if文」「for文」や「module」のように、一連の処理ブロックを「中括弧」でまとめて書く場合や、「修飾命令」で複数の「Action命令」を中括弧でひとくくりにされた部分のように、「中括弧」で囲った範囲です。
> 　これらの言葉の意味については、後ほど改めて説明します。

■「ビューイング・エリア」の操作

「ビューイング・エリア」に表示された立体は、マウスの操作によって、「回転」「視点移動」「ズーム」ができます。

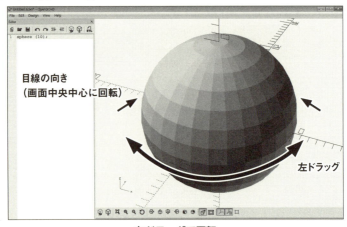

左ドラッグで回転

3-2 基本的な操作方法

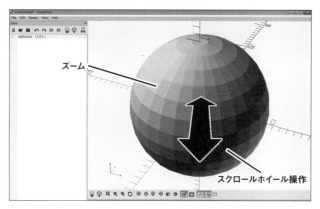

「スクロール・ホイール」、または「中央ボタンのドラッグ」でズーム

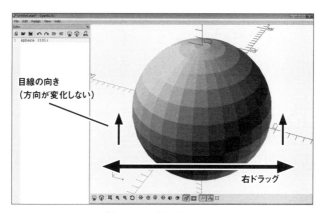

「右ドラッグ」で視線移動

　「ビューイング・エリア」下に配置されているアイコンを利用することでも、これらの操作ができます。
　特に、「View All」や「Reset View」を使うと、全体を眺めたり、視線やズームを初期値戻す操作を1クリックでできるので、現在の視点や視線が分からなくなってしまった場合は、これらのアイコンを利用してください。

第3章 画面の構成と操作

■「コンソール」の見方

「コンソール」は、「Preview」(プレビュー)や「Render」(レンダリング)で立体表示など、何か操作を行なったときにメッセージが表示されます。

記述したスクリプトに何か間違いがあれば、その間違いの箇所(行番号)やエラーの内容についても表示します。

また、「echo」命令(後述)を使って、実行時に「変数」や「定数」といったデータを表示することもできます。

「OpenSCAD」の変数や定数は、「数値」「文字列」「ベクトル」「matrix」など、いろいろなデータが扱えますが、それらはまとめて「echo文」で表示させることができます。

＜プレビュー時の表示＞

・エラーがなければ、プレビュー用に使った立体情報(多面体数(Polyhedronの数)など)。
・エラーがあった場合、スクリプトの行番号やエラー内容など。

＜Render(レンダリング)時の表示＞

・レンダリング結果(ポリゴン数、エッジ数など)。
・エラーがあった場合は、スクリプトの行番号やエラー内容など。

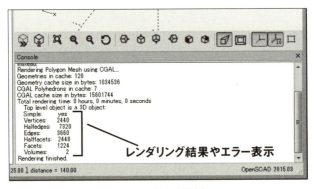

コンソールの表示例

3-2 基本的な操作方法

■「ファイルメニュー」の各操作

「ファイルメニュー」には、いろいろな操作項目があります。

各項目の詳細は、次のとおりです。

「File」メニューの操作項目

項目名	概　要
New	新しいプログラム編集画面を開く
Open	保存してあるプログラムを開く
Recent Files	最近使ったファイル一覧から開く
Examples	サンプルファイルを開く
Reload	編集中のプログラムを再読み込み
Close	編集中のプログラムを閉じる
Save	編集中のプログラムを上書き保存
Save As	編集中のプログラムを、名前を付けて保存
Export	STLやSVGなど各種ファイルを出力
Show Library Folder	ライブラリファイルの保存フォルダを開く
Quit	OpenSCADを終了

「Edit」メニューの操作項目

項目名	概　要
Undo	編集操作を取り消す
Redo	取り消した操作をやり直す
Cut	選択した文字列をカット
Copy	選択した文字列をクリップボードにコピー
Paste	クリップボードから貼り付け
Indent	インデント量を右に2文字増やす
Unindent	インデント量を左に2文字増やす
Comment	選択した行をコメント化
Uncomment	選択した行のコメントを解除
Convert Tabs to Space	タブを空白文字に変換
Paste viewport translation	カーソル位置に視線座標を貼り付け
Paste view rotation	カーソル位置に視線角度を貼り付け

35

第3章 画面の構成と操作

項目	概要
Find	指定した文字列を検索
Find and Replace	指定した文字列で置換
Find Next	次の文字列を検索
Find Previous	1つ前の文字列を検索
Use Selection for Find	選択した文字列を検索/置換用に利用
Increase Font Size	フォントサイズを大きくする
Decrease Font Size	フォントサイズを小さくする
Preferences	詳細設定ウィンドウを開く(**附録PDF**参照)

「検索」と「置換」の利用時は、図のように、編集画面上部にそれぞれ「検索」「置き換え」用のテキストボックスなどが表示されます。

操作が完了したら「Done」で閉じます。

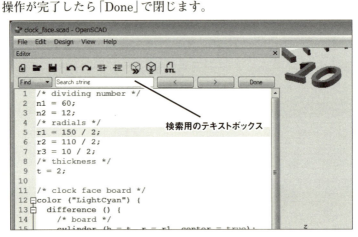

「検索」を行なう場合の表示例

「Design」メニューの操作項目

項目名	概　要
Automatic Reload and Preview	選択時、外部エディタで変更があれば、自動でプレビューを反映
Reload and Preview	上記が選択されていない場合に、手動操作で反映
Preview	ビューイング画面に立体をプレビュー表示
Render	プログラムをコンパイルしてレンダリング

3-2 基本的な操作方法

「View」メニューの操作項目

項目名	概　要
Preview	標準のプレビューモード
Surfaces	プレビューを面表示で行なう
Wireframe	プレビューをワイヤーフレームで行なう
Thrown Together	全立体形状を表示（プレビュー）、正しくないポリゴンはピンク表示。（「polyhedron」を参照する）
Show Edges	ポリゴンの辺を表示
Show Axes	座標軸を表示
Show Scale markers	座標軸にスケールを表示
Show Crosshairs	十字線を表示
Animate	アニメーションモードを開始
Top	上からの視線に切り替え
Bottom	下からの視線に切り替え
Left	左からの視線に切り替え
Right	右からの視線に切り替え
Front	前面からの視線に切り替え
Back	背面からの視線に切り替え
Diagonal	視線を斜め上方に切り替え
Center	原点を中心に移動
View All	全立体が表示される位置にズーム
Reset View	視線を初期値にリセット
Zoom In	ズームイン
Zoom Out	ズームアウト
Perspective	遠近法表示にする
Orthogonal	正射影表示にする
Hide toolbars	ツールバーを隠す/再表示
Hide editor	エディターエリアを隠す/再表示
Hide console	コンソールエリアを隠す/再表示

第3章 画面の構成と操作

「Help」メニューの操作項目

項目名	概　要
About	OpenSCADのバージョン情報などを表示
OpenSCAD Homepage	OpenSCADサイトのホームページを表示
Documentation	ユーザー・マニュアルのページを表示
Cheat Sheet	チートシート(あんちょこ)ページを表示
Library info	使っているライブラリのパスなどを表示
Font List	そのOSで利用可能なフォントの一覧を表示(テキスト文字の表示で使用)

■ 「プレビュー」と「レンダリング」の違い(F5、F6)

　ここまでで触れた「プレビュー」(preview：F5)と「レンダリング」(render：F6)は、どちらを使っても、プログラムで記述した立体が3D画面に表示されます。

　一見似ていますが、機能は以下のように異なっています。

＜プレビュー＞

・立体形状の全体感が分かるように、簡易的にGUI表示される機能。

・内部では、詳細の立体造形計算を行なっていない。

・色(color)の設定が有効で、画面には色をつけた状態で表示。

・プレビューしただけでは、立体情報(.STLなど)の出力はできない 。

＜レンダリング＞

・内部で立体造形の計算(コンパイル処理)を実行。

・処理には少々時間を要する(数秒～数分)。

・着色は反映されない。

・立体情報(.STLファイルなど)の出力が可能となる。

　複雑な形状(曲面を多く含むなど)の場合、「プレビュー」状態では、視線移動操作が"もっさり"した感じになることがあります。

　その場合、「レンダリング」を行なうと、視線移動などの操作が、軽く、素早くなります。

3-2 基本的な操作方法

> **!注意**
>
> 「曲面」を多く含むような記述を多く行なうと、レンダリング処理で時間がかかりすぎて、処理がいつまでも終わらない恐れがあります。
> 　このような場合、ウィンドウ右下に、コンパイル時に表示される「×」印のアイコンを押すことで、「コンパイル中断」を行なうことができます。
> 　ただし、「×」印をクリックしても、即座に反応するわけではないので、注意してください。

■ 画面構成の調整(サブウィンドウ・サイズ)

●3つのサブウィンドウの表示サイズ

各サブウィンドウ(プログラム編集画面、ビューイング・エリア画面、コンソール画面)のサイズは、マウス操作で調整ができます(境界線をマウスでドラッグ)。

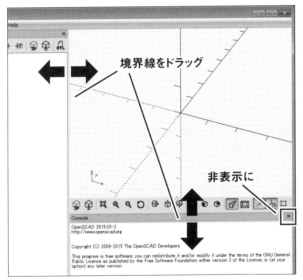

「サブウィンドウ」の大きさ調整

●サブウィンドウの「表示/非表示」の切り替え

これらの各サブウィンドウは、個別に表示と非表示の調整が可能です。
　たとえば、GUI画面だけ大きく表示したい場合などに利用できます。
　また、ファイルメニューの「view」メニューで、ツールバー(アイコンが並んでいる列)を非表示に設定することも可能です。

第3章　画面の構成と操作

●サブウィンドウの「ドック／フロート」の切り替え

「Preferences」の設定によって、3つのサブウィンドウの配置場所を変更できます。

たとえば、ウィンドウを縦に並べる、エディタとコンソールを重ねて配置してタブで切り替える、といったことが可能です。

また、これら3つのサブウィンドウは、メインウィンドウに「ドック」(デフォルト設定)するか、「フロート」(3つをそれぞれ別のウィンドウに分離)するかを設定することもできます。

詳しくは、**附録PDF**を参照してください。

3-3　立体の表示の切り替え（グラフィック環境）

■ さまざまな方向に視線を切り替える

プログラムで記述した立体物の形状は、マウス操作によって、さまざまな方向から眺めることで確認できます。

しかし、「真横」や「真上」などの"ピッタリの方角"から眺めたいという場合もあるでしょう。

そのような場合は、「ビューイング・エリア」に配置されたアイコンを使って、「右」「真上」「正面」からの視線に切り替えつつ、以下の「正射影表示」と合わせて表示すると、目的の表示ができます。

特に、「正射影表示」と組み合わせることで、「製図」などで用いられる「三面図」(正面図、平面図、側面図)と同様に表示することが可能です。

■ 「遠近法表示」と「正射影表示」

「遠近法表示」(Perspective：一般的な立体表示)では、立体までの距離に応じて、近いところは大きく、遠いところは小さくなるように表示されます。

立体の形状を把握しやすいので、通常はこの表示モードを使って編集作業を行ないます。

一方、製図のような「三面図」表示にしたい場合は、「**正射影表示**」(Orthogonal：直交座標系表示…右側の図)にしつつ、「右」「上」「正面」からの視線に切り替えると、角度や寸法を把握しやすくなります。

3-3 立体の表示の切り替え（グラフィック環境）

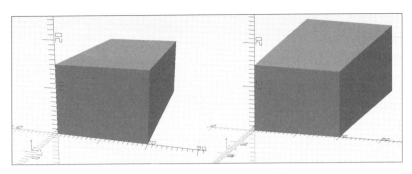

「遠近法」(左)と「正射影」(右)の比較

■「座標軸」「座標目盛り」(座標値)の表示

「ビューイング・エリア」には、「**座標軸**」や「**座標**」を表示することができます。

プログラムで記述した立体物のサイズを確かめるのに、この「座標軸」「座標の値」が表示されていると便利です(デフォルトで表示されています)。

特に、上記の「正射影表示」による「三面図」と組み合わせると、簡単な操作で立体の寸法を確かめることが可能です。

■「エッジ」(辺)の表示

「.STL」ファイルで出力される立体は、小さな「ポリゴン」の集まりで表現されます。

このポリゴン1個1個の「エッジ」(辺：ポリゴンの枠線)の表示をオンにすると、その立体の構造や精度(密度)を把握しやすくすることができます。

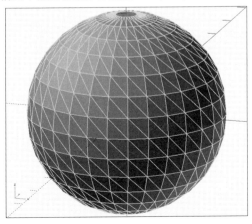

「エッジ」表示をオンにした場合

第3章 画面の構成と操作

一方、あまり複雑な形状の場合、表示される辺の数が多くなりすぎて、逆に見づらくなることもあります。

必要に応じて表示を切り替えてください。

■「ポリゴン表示/ワイヤーフレーム表示/Thrown Together」の違い

プログラムを「render」(レンダリング)でコンパイルする前は、「View→Preview」または「View→Thrown Together」での表示が可能です。

「Thrown Together」は、立体形状の足し引き(CSG演算：立体形状同士の足し引き)は行なわずに、すべての立体を「表示対象物」として表示します。

「Preview」は、CSG演算を反映した結果の表示です。

「Render」(レンダリング)でコンパイルを行なった後は、「View→Surface」「View→Wireframe」での表示ができるようになります。

「Surface」は、立体物を「面」で表示し、「Wireframe」は、立体物の辺を「線」(ワイヤーフレーム)で表示します。

> **⚠注意**
>
> PCのグラフィック環境によっては、表示できないモードが出てくる場合があります。
>
> また、「ワイヤーフレーム」は、「プリミティブ」のような単純な立体では表示されず、複雑な立体のときに表示可能になります。

第4章

造型の流れ

「3D-CADソフト」を使って、どのように立体データを作るのか、
その流れを眺めます。
「OpenSCAD」では、「CSG操作」を通して、立体を組み上
げていきます。

4-1　　　　立体の造型とは

まず、「OpenSCAD」での造型に限らず、「3D-CADソフト」や「3D-CGソフト」
で、立体の造型がどのように行なわれるのかについて概観してみましょう。

■「3D-CAD」と「3D-CG」

立体を造形するソフトは、大きく「**3D-CG系**」と「**3D-CAD系**」に分けられま
す。

＊

一般的な「3D-CG系」は、粘土のように、押してへこませたり、引っ張って膨
らませたりといった加工で立体を作り上げていきます。

生き物のような曲面を造形しやすい特徴があることについて、すでに触れま
した。

一方、「3D-CAD系」は、球や直方体のような、比較的単純な立体(プリミティ
ブ立体)を使って、それらを変形したり、立体同士を足し引きしたりして、立体
を造形していきます。

たとえば、直方体をくり抜いて「箱」の形にしたり、そこに「ネジ穴」を空けた
り、といった具合です。

＊

「3D-CAD」は、幾何学的で正確な寸法の立体物を作るのに向いています。
「OpenSCAD」は、名前のとおり「3D-CAD系」のソフトです。

43

第4章 造形の流れ

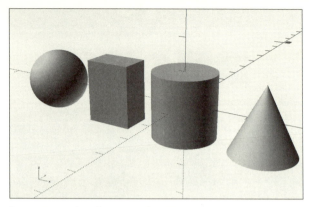

「OpenSCAD」のプリミティブの例(primitives_sample.scad)

■「3D-CAD」による造形

なお、「3D-CAD系」のソフトは、「プリミティブ」のような単純な形状しか使えないわけではありません。

「プリミティブ立体」に加えて、「ポリゴン」(三角形の小さな平面)を使った、複雑な多面体や曲面の造形も利用できます。

> ※ポリゴンを組み合わせて作った立体のことを「polyhedron」(ポリヘドロン：多面体)と言い、「OpenSCAD」でも「polyhedron」が利用されています。

「ポリゴン」を応用することで、たとえば、複雑な曲面で構成される「ボルト」「ナット」や「インボリュート歯車」のような、複雑な曲面の立体も造形できます(これらの造形に便利なライブラリも公開されています)。

また、「DXF」(Drawing Exchange Format)データや、「PCに内蔵しているフォント」(True Type Font)といった2Dデータを使い、文字や図形のエンボス加工を施すといったことも可能です。

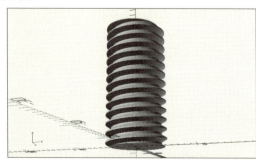

複雑な曲面の例。ライブラリを利用した「ネジ溝形」(threads_m10.scad)

4-2 「OpenSCAD」の造型の流れ

「OpenSCAD」で、立体を整形していく大まかな流れを見てみましょう。

■ 大まかな構成パーツに切り分け

「OpenSCAD」は、「ポリゴン」を使って複雑な形状を作ることも可能なソフトですが、たいていの立体は、「プリミティブ立体」の組み合わせだけでも作ることができます。

一般に、「3D-CAD」で造形を行なう場合、通常は、まず「プリミティブ立体」を組み合わせて、"大まかな形状"を作り上げ、そして細かいところを微調整していく、という流れで進められます。

＊

例として、「コップ」を作る場合を見てみましょう。

コップの造形例(coffee_cup_skelton.scad)

■ 個々のパーツを「配置」「移動」「加工」「CSG操作」

「コップ」を眺めてみると、「コップの本体」「コップの内側の空間」「取っ手」といったパーツが、「円柱」(円錐)や「ドーナツ型」などで構成されていることが分かります。

これら個々のパーツを足したり引いたりして、「コップ」としての大枠の形状を組み立て、適当な場所に移動(配置)し、最終的な目的の形に整形していきます。

「コップ」であれば、外側にあたる円柱から、内側の空間にあたる円柱を引き算したり、取手を取り付けたりする、といった具合です。

45

第4章 造型の流れ

このような、立体同士を足したり引いたり、共通部分だけ取り出したり、といった操作を、「**CSG操作**」(Constructive Solid Geometry) と呼びます。

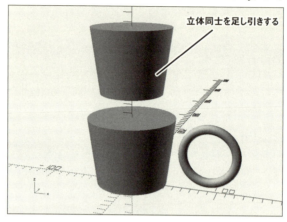

立体同士の引き算で「コップ」の形状に

■「CSG操作」とは

「OpenSCAD」の処理内部では、データを「CSG」形式で保有しています。

「CSG」は、主に立方体や球など、「数式」(計算式)で表現できる立体データのことで、「中身の詰まった立体」(solid立体)を、コンピュータがデータとして扱うための形式です。

「CSG操作」とは、この「CSG立体データ」同士を、足したり、引いたり、共通部分を抜き出すといった操作(「ブーリアン演算」と言います)を行なって、複雑な立体に加工する操作になります。
この「CSG操作」を使うことで、単純なプリミティブを組み合わせながら、複雑な立体を表現することができます。

*

「CSG」と比較されるデータ形式に、「**B-Rep/B-Reps**」(Boundary Representation:境界表現)があります。
「B-Reps」は、中身が詰まっていない代わりに、表面データの「表」と「裏」が明確になっているデータを組み合わせて、立体の内側と外側を区別できるようにしたデータです。

多くの「3D-CADソフト」では、「CSG」か「B-Reps」のどちらかを利用しています。

4-2 「OpenSCAD」の造型の流れ

たとえば、「3D-CADソフト」で共通的に相互利用できる「STEP形式」(ISO規格の立体データ形式)でも、「B-Reps」が利用されています。

どちらも、「面」(平面/曲面)を正確に表現できるデータ形式です。
一般に「CSG」はデータ量が小さく、「B-Reps」は計算処理が速いといった特徴があります。

これらに対して、「3D-CGソフト」の入出力データや、「3Dプリンタ」の出力時などに使う「.STL」ファイルは、立体の表面を「ポリゴン」(微小な平面)の集まりで表現するため、幾何学的な曲面を厳密に表現することはできません。
また、「CSG」や「B-Reps」から「STL」に変換することは容易ですが、「STL」から「CSG」や「B-Reps」に正確に変換することは、理論上できません。

こうしたことを踏まえ、「OpenSCAD」を含む「3D-CADソフト」では、内部形式のデータに「CSG」や「B-Reps」が利用されています。

■ 各パーツの微調整(色、面構成)

全体的な形状が出来上がったら、フチを丸めたり、表面に文字や絵で「エンボス加工」を施したりするなどして、「コップ」に仕上げていきます。

フチや表面などを加工して仕上げる(coffee_cup_finished.scad)

*

このように、「プリミティブ」の組み合わせだけでは難しい形状でも、「ポリゴン」を用いた立体や、「文字フォント」「SVG画像」などを組み合わせて、造形を行なうことが可能になっています。

第5章
「3Dプリミティブ」で造型

「3Dプリミティブ」を組み合わせて簡単な立体を作りながら、「OpenSCAD」による立体の造形方法を説明します。
また、操作方法や、プログラミング言語の文法、プログラミングの流れについても解説します。

5-1　本章の目的

■「プリミティブ」を組み合わせて、立体を作ってみる

　それでは実際に、「3Dの立体」を作ってみましょう。

　「3Dプリミティブ」を組み合わせて、簡単な立体を作りながら、「プログラムで立体を造形する」ことの流れを体感していきます。

　比較的、簡単な立体の例として、「ゴルフのティーアップ」を作ります。
　そして、その過程で「OpenSCAD」の基本的な知識や操作、プログラミングの文法について触れていきます。

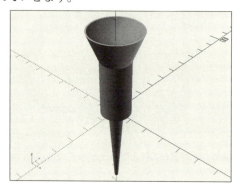

「ティーアップ」の完成イメージ(tee_up_finished.scad)

5-2 3D プリミティブ

■本章で学ぶこと

本章で取り扱うのは、

・「球」「立体」「円柱」のような簡単な立体(3Dプリミティブ)の作り方
・基本的な文法のルールと、Action命令、修飾命令
・「CSG演算」による立体の加工
・これらを組み合わせた立体造形の流れ

です。

「ティーアップ」の作成を通じて、エディタや各種アイコンなど、「OpenSCAD」
の各種操作や開発環境に慣れるよう、いろいろと操作して結果を確認してみて
ください。

5-2 3D プリミティブ

■「3Dプリミティブ」を扱ってみる

では、「プログラム」で立体の形状を記述してみましょう。

一般的なプログラミング言語を学ぶ際には、最初に「Hello, World!」という儀
式を行ないますが、「OpenSCAD」では、「Hello, world!」の代わりに簡単な立体
の例として「球」(sphere)を表示します。

この作業を通して、「インストール結果」「プログラムを書く環境」「開発環境
の操作方法」「実行手順」などの一連の確認ができます。

*

では、「OpenSCAD」を起動して編集画面(新規画面)を開いてください。

開いたら、次の1行を「テキスト・エディタ画面」に記述して、「F5」キーを押
してみましょう。

「F5」キーの代わりに、プレビューのアイコンでもかまいません。

【球を表示するプログラム:hello_world_sphere.scad】

```
sphere (10);
```

49

第5章 「3Dプリミティブ」で造型

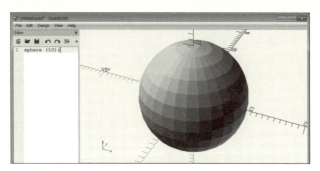

「半径＝10」の球(sphere)を表示してみたところ

　たった1行の短いプログラムですが、これだけで、このように「球」が表示されます。

　「コンソール・エリア」には、プレビューに関わるリソース使用量などが表示され、もし記述に誤りがある場合はエラーメッセージが表示されます。

■「ビューイング・エリア」で操作してみる
　表示されたら、「ビューイング・エリア」をマウスで操作してみましょう。

> ※これらの操作は、**サンプル・ムービー**でも解説しているので、併せて参照してください。

・左ドラッグ
　「ビューイング・エリア」上で、マウスの左ボタンを使ってドラッグすると、操作に合わせて立体を回すように視線を変えることができます(「目の位置」を、回転するように移動)。

・右ドラッグ
　右ボタンを使ってドラッグすると、「目の位置」を上下左右に平行移動することができます。
(視線の「方向」を固定したまま、「目の位置」を移動するような動作)。

・スクロールホイール
　スクロールホイールを操作すると、ズームを調整することができます。
　スクロールホイールを動かす代わりに、センターボタンで上下にドラッグしても、同じようにズームできます。

5-2 3D プリミティブ

なお、左ドラッグは、「ズームの中心点」が移動しませんが、右ドラッグは目の位置と平行に「ズームの中心点」も移動するよう動きます。

「ビューイング・エリア」は、このように「立体をいろいろな方向から眺めて確認する」だけの機能しかありません。

立体を移動したり、選択したり、加工したりといった操作はできず、それらはすべてプログラムによって行ないます。

■ 立体物のCG表示と内部表現

「sphere」は、プリミティブ立体の「球」を生成する命令です。

＊

さて、「ビューイング・エリア」に表示された球を眺めてみると、「球」というよりは、「たくさんの小さな平面で出来た丸っぽい物体」に見えます。

この小さな面は、「ポリゴン」という小さい平面で表現されています。

3Dプリンタなどで利用するための「.STL」ファイルなどは、このような「ポリゴン」表現の立体データとして出力します。

一方、「OpenSCAD」の内部では、立体形状は「CSG表現」というデータ形式で保持しています。そのため、内部の処理では「正確な球」として計算処理が行なわれています。

「プレビュー・エリア」の表示は、「.STL」ファイルと同じ「ポリゴン表現」で行なわれています。

コンパイルして「.STL」などの3Dデータのファイルとして出力する場合にも、この画面と同様に「ポリゴン・メッシュ」(ポリゴンを網状につないだもの) のデータで出力されます。

つまり、内部で「CSG表現」の立体同士として正確に計算を行なってから、その結果を「ポリゴン」で表現可能なように近似させたものが、プレビュー結果になります。

＊

なお、この「ポリゴン」で表現する際の「ポリゴン・メッシュの細かさ」(分解能)は、プログラム中の数値で指定できます(この設定の方法は、後ほど触れます)。

51

第5章 「3Dプリミティブ」で造型

※あまり細かくすると、「ポリゴン数」が増えるため、データ量が大きくなります。
これによって、3Dプリンタ出力の時間が長くなる、「OpenSCAD」の計算
処理（コンパイル）がいつまでも終了しないなどの弊害が出る場合があるので、
実用の範囲内になるように調整する必要があるでしょう。

■ sphere、cube、cylinder

「OpenSCAD」で使えるプリミティブ立体には、「球」(sphere) のほかに、
「cube」(立方体、直方体) や、「cylinder」(円柱、または円錐の一部分) といっ
たものがあります。

さらには、頂点座標や面の情報を指定して複雑な立体を記述する「多面体」
(polyhedron) という 3D オブジェクトもありますが、プリミティブ立体と比べ
て少し複雑なため、後ほど改めて触れます。

●3Dプリミティブの記述例

①半径が10の「球」

```
sphere (10);
```

②一辺が20の「立方体」

```
cube (20);
```

③幅20、奥行き30、高さ40の「直方体」

```
cube ([20, 30, 40]);
```

④高さ30、半径10の「円柱」

```
cylinder (30, 10, 10);
```

⑤高さ30、下の半径10、上の半径20の「円柱」(円錐台)

```
cylinder (30, 10, 20);
```

⑥「立方体」を座標軸の中心を基準に配置

```
cube (20, center = true);
```

52

5-2 3Dプリミティブ

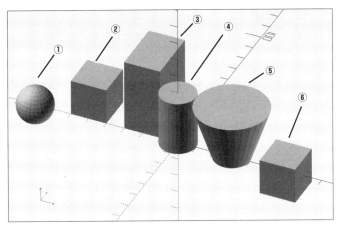

各プリミティブ立体（3d_primitives.scad）

　上記サンプル・プログラムの「3d_primitives.scad」には、「**translate**」という語句が登場しますが、これについては後で説明します。

> ※「cube」で「直方体」を生成する場合、「縦/横/高さ」の指定数値は、「大括弧」で1つに括って指定しています。
> 　このような「大括弧」を使った表記は、「ベクトル」（vector）や「マトリクス」（matrix）と呼びます。

> ※「center = true」のように、一部のパラメータは省略することも可能です。その場合は、デフォルト値が設定されます。
> 　省略不能なパラメータが指定されていない場合は、エラーとなることがあります。

■「パラメータ名」を省略しない書き方

　先ほどの例では、各パラメータを「数値」だけで指定しましたが、立方体の一辺の長さは「size = 20」のように、「**パラメータ名**」を明示指定することもできます。

　「パラメータ名」を明示指定する場合は、パラメータの順序を好きなように入れ替えることが可能になります。
　また、「パラメータ名」を明示しておくと、プログラムの意味を明確にでき、後でプログラムを読み直すときに見やすくなります。バグを作りにくくする効果もあります。

第5章 「3Dプリミティブ」で造型

　そのため、以降の解説では「パラメータ名」を明示した形で記述します。
（本書に限らず、「パラメータ名」は明示しておくことをお勧めします）。

＊

　先ほどの①～⑥の内容を、パラメータ名を略さない場合の書式は、次のように
になります。

```
sphere (r = 10);
```

```
cube (size = 20, center = false);
```

```
cube (size = [20, 30, 40], center = false);
```

```
cylinder (h = 30, r = 10, center = false);
```

```
cylinder (h = 30, r1 = 10, r2 = 20, center = false);
```

```
cube (size = 20, center = true);
```

補　足

　「パラメータ名」は、半径は「r」、直径は「d」（半径と直径は、どちらか一
方を指定）、高さは「h」、辺の長さは「size」など、各プリミティブでだいた
い共通になっています。
（後で触れますが、一部、高さが「height」など、共通でないオブジェクトも
あります）。

　「cylinder」のように、半径を1つ「rだけ指定」する場合と、2つで「r1とr2
を両方指定」のように、パラメータ名の指定方法にバリエーションがある場
合、指定の有無によって、内部で比較的柔軟に解釈され、実行されます。

> ※ただし、「cylinder」で「パラメータ名」を指定していない場合、
> 半径は「r1とr2の両方」が指定されている前提で造形されます。
> 　その際、半径が1個しか指定されていないと、もう片方は「半径＝1（デ
> フォルト値）」を仮定した立体が作られます。

　このような、パラメータ値の指定有無による内部の評価の仕組みは、後ほ
ど「引数のデフォルト値」のところで改めて説明します。

「cylinder」の片側の半径を「0」に設定した場合、片側がとがった「円錐」になります。

＊

なお、「**center**」は、立体の中心を「原点」基準に設定するかどうかの指定です。

「cube」や「cylinder」では有効になりますが、「sphere」はもともと中心が「原点基準」なので、指定不要です。

「center」の指定がない場合、その立体ではデフォルト値(false)が適用され、「cube」の場合は、頂点の1つが原点に配置されます。「true」を指定すると、「cube」の中心が原点に配置されます。

「cylinder」では、「false」の場合、片側の面の中心が原点に、「true」の場合、円柱の中心が原点に配置されます(後述の2D図形の「square」などでも同様です)。

5-3　「Action命令」と「修飾命令」

■「Action命令」と「修飾命令」について

「sphere」や「cube」のような命令は、「**Action命令**」と呼ばれます。

「Action命令」は、命令単体での立体表示や、後述するような「コンソール・エリア」に文字を表示するといったような、"何らかの動作(出力)"を行ないます。

これに対して、「Action命令」を「修飾」するための「**修飾命令**」というものもあります。

たとえば、立体の配置場所を「移動」する操作や、立体の「色」などの属性(プロパティ)を変更する、といった命令です。

これら「修飾命令」は、それ自体は表示などを行ないません。あくまでも、「Action命令」に対する「修飾」の意味で利用されます。

＊

「修飾命令」は、主に「**Transfomations**」(変形)や「**Boolean operations**」(ブーリアン演算)に分類できます。

「Transfomations」は、立体を移動したり、大きさを変更したりといった「属性の変更」を行ないます。

「Boolean operations」は、2つの立体を1個に合成、片方の立体からもう片方

第**5**章	「3Dプリミティブ」で造型

を引き算(削り取る)、といった「加工処理」を行ないます。

「修飾命令」は、文字どおり「修飾」をするための命令なので、単独では使われず、その後ろに必ず何らかの「Action命令」を伴います。

■ 修飾と「セミコロン」を打つ単位

「Action命令」と「修飾命令」には、文法上、表記に少し特徴的な違いがあります。

「Action命令」は先述のプログラムのように、行末に「;」(セミコロン)を付加しますが、これらを「修飾」する命令には、「セミコロン」を付けずに使います。

例を見てみましょう。

「Transformations」(変形)の例として、「**translate**」(移動)と「**rotate**」(回転)という修飾命令を使って、立方体の「回転」と「移動」を行なってみます。

【立方体を移動、回転するプログラム(rotate_translate.scad)】

```
rotate ([0, 0, 45])
  translate ([20, 0, 0])
    cube (10);
```

「cube」という「Action命令」と、「rotate」と「translate」という2つの「修飾命令」が登場します。

「cube」には「セミコロン」が付いていますが、「rotate」と「translate」には「セミコロン」が付いていません。これらは、「Action命令」である「cube」を修飾しています。

> ※「修飾命令」に「セミコロン」を付けてしまうと、そこで修飾の効果が途切れてしまい、「Action命令」に修飾の効果が適用されません。

*

「rotate」は、命令の直後にx軸、y軸、z軸の各軸の「回転角」を指定して、各軸を中心に立体を回転させます。上記の例では、x軸に0度、y軸に0度、z軸に45度回転します。

「translate」は、x軸、y軸、z軸方向の「移動量」を指定して、その立体を移動させることができます。上記の例では、x軸に20mm移動し、y軸とz軸の移動はありません。

5-3 「Action命令」と「修飾命令」

*

「修飾命令」は、このように「Action命令」の前に置いて、「Action命令」を修飾します。

その際、これらの「修飾命令」は、「Action命令に近いほう」から順に適用されていきます。

この例では、「cube」の直前に書かれた「translate」(移動)が先に行なわれて、その次に、遠くにある「rotate」(回転)が行なわれます。

「translate」と「rotate」の順序を逆にすると、どのような結果になるか試してみてください)。

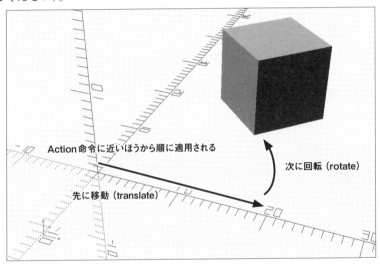

「立方体」の移動と回転の実行結果

5-4 「中括弧」と「インデント」

■「中括弧」の使い方

「修飾するもの」と「修飾されるもの」が1対1で対応している場合は、先ほどの「修飾命令→Action命令」のように、直接つなげて記述することができます。

一方、1個の「修飾命令」で一度に複数の立体を修飾したり、立体同士を組み合わせる(または立体同士の差分を取る)ような複数の「Action命令」を修飾したりする場合は、その複数の「Action命令」を「**中括弧**」で括って、一まとめにします。

*

では、「中括弧」の使用例を見てみましょう。

立体の差分を取る「**difference**」という修飾命令を使って、立方体から球をくり抜いた形状を作ってみます。

「difference」は、「中括弧」内に指定した2つの立体について、1個目から2個目を引いた(くり抜いた)立体を生成する修飾命令です。

【立方体から球を抜き取るプログラム(cube_minus_sphere.scad)】

```
difference () {
  cube (20);
  translate ([4, 0, 16]) {
    sphere (8);
  }
}
```

このプログラムでは、「1辺=20」の立方体(cube)から、「半径=8」の球(sphere)をくり抜いています。

「立方体」と「球」という2個の立体に対して修飾を行なうので、この2個の立体を「中括弧」で囲っています。

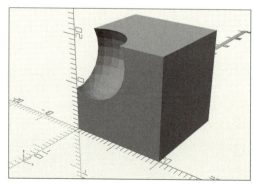

立方体から球を抜き取った結果

5-4 「中括弧」と「インデント」

(なお、「sphere」は「translate」で修飾されていますが、このように、「修飾命令」で修飾された「Action命令」は、「まとめて1個のAction」と見なすことができます)。

このように、「中括弧」を使うことで、「difference」で修飾される範囲（「cube」および「sphere」の2つの立体）が明確に分かります。

＊

なお、「OpenSCAD」のテキスト編集機能には、対応する括弧を自動でハイライト表示する機能が組み込まれており、カーソルを括弧のところに移動すると、それに対応する括弧が分かるので、活用してください。

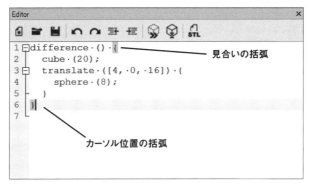

対応する括弧がハイライト表示される

＊

「difference」の場合、もともと2つの立体を扱うので、「中括弧」で2つの立体を括っておかないと、差分を正しく得ることができません。

そのため、文法上の必要で、「中括弧」を使っています。

一方、「translete」や「rotate」などの修飾命令の場合、いくつかの立体を修飾したいときに、複数の「Action命令」を「中括弧」で囲うと、複数の「Action命令」をまとめて修飾できます。

＊

さて、このプログラム (cube_minus_sphere.scad) の場合、「球」(sphere) の位置を「translate」で移動させています。

この「translate」が修飾する相手は1個の「球」だけなので、本来は「sphere」を囲っている中括弧はなくてもかまいません。

しかし、プログラムが長くなってくると、1つ1つの修飾命令が、どの範囲を

| 第5章 | 「3Dプリミティブ」で造型 |

修飾しているのかが分かりにくくなってきます。

　以降では、この分かりにくさを避ける意味で、多少冗長になりますが、修飾命令の修飾の対象範囲には、すべて「中括弧」を使って明示する記述方法を採用します。

　また、これと併せて、次で説明する「インデント」を組み合わせることをお勧めします。
　「インデント」を使えば、プログラムを見やすく、分かりやすくすることができます。

! 注意

　　修飾命令の後ろに「;」（セミコロン）を付けてしまうと、そこで「修飾命令」の効果が終了してしまい、修飾内容が意図通りに適用されません。
　　比較的見つけにくいバグの原因となりやすいので、注意してください。
　　なお、こうしたバグの探し方、直し方については、後ほど触れます。

■ インデント

　プログラムの各行頭には、「**インデント**」を設定しておくといいでしょう。
　「インデント」は、「中括弧」を開いた行から閉じる行までを「段下げ」する書式の方法です。

　「インデント」は、文法上の必須事項ではありません。
　しかし、「インデント」を用いることで、プログラムの構造を分かりやすく、見やすくでき、バグを起こりにくくすることができます。

＊

　「OpenSCAD」では主に、「中括弧」を開いて閉じるまでと、「ベクトル」「matrix」の要素を複数行に渡って記述するときに使います。

　　　※「ベクトル」「matrix」の詳細は、**附録PDF**を参照してください。

　「OpenSCAD」のエディタ編集機能である「QScintilla」には、「Enterキー」押下時に、自動的に「インデント」を設定する機能が搭載されています。
　その「インデント量」（文字数）や「文字コード」は、好みに合わせて柔軟に設定できます。

本書では、インデントは「1段あたり半角スペース2文字」を適用していますが、普段慣れている「インデント文字」や「インデント量」に設定してかまいません。

※インデントの設定は、**附録PDF**の「Preferences」を参照してください。

5-5 主な修飾命令

あらためて、「OpenSCAD」で利用できる「修飾命令」について眺めてみましょう。

■「Transformations」と「Boolean operations」

「修飾命令」は、大きく分類して「Transfomations」(立体の立体の属性を変える修飾命令)と、「Boolean operations」(2つの立体同士のCSG演算を行なう修飾命令)に分けられることは触れました。

それぞれの「修飾命令」に、どのようなものがあるか見ていきましょう。

■「Transformations」の種類

「Transformations」は、「移動」「回転」「拡大」「縮小」「反転」といった、立体の「属性変更」の操作を行なう修飾命令です。

次のようなものがあります。

```
translate ([x, y, z])
```

x、y、z軸方向の移動量を指定して、立体を平行移動。

```
rotate ([x, y, z])
```

x、y、z軸を中心とした回転の角度を指定して、立体を回転。

```
scale ([x, y, z])
```

x、y、z軸方向ごとの縮尺を指定して、立体を拡大または縮小(1より大きければ拡大、小さければ縮小)。

```
resize ([x, y, z], auto = false)
```

x、y、z軸方向ごとのサイズを指定して、立体の大きさを変更。

第5章 「3Dプリミティブ」で造型

「auto」は、「auto=true」と指定すると、x、y、zのいずれかに「0」が指定されている場合に、その座標軸の縮尺を自動設定とする指定です。

たとえば、「([20,0,0],auto=true)」と指定すると、x、y、zすべての寸法を「20」に合わせてリサイズします。

また、「auto=[true,true,false]」のように、自動設定を行なう座標軸を個別に指定することも可能です（「auto」は省略可）。

mirror ([x, y, z])

x、y、zのいずれかに「1」を指定すると、指定した面で鏡面反射した位置に移動（複数指定可）。

たとえばxに「1」を指定すると、yz平面に鏡を置いたように鏡面反射（x座標が－1倍）されます。

color(色, 透明度)

立体の「色」と「透明度」を変更。

「("Red", a)」のような文字列指定と、「([r, g, b], a)」のように数値指定の両方が可能です。

文字列指定の場合は、「HTML/CSS」で使われている色名と同じ表記方法で指定できます。

数値指定の場合は、「rgb」を「0～1」の範囲で数値指定し、「a」（透明度）についても「0～1」の範囲で指定します（省略可能）。

■「Boolean operations」の種類

「Boolean operations」は、「CSG演算」を行なう修飾命令です。
これには、3つの命令があります。

union ()

2つの立体を足し合わせます。

difference ()

1つ目の立体から2つ目の立体を引きます（くり抜く）。

intersection ()

2つの立体の共通部分を取り出します。

62

*
次節で、これら「CSG演算」の利用例を見てみましょう。

5-6 「CSG演算」の利用例

■「CSG演算」について

「CSG演算」を行なう修飾命令は、「OpenSCAD」の3D-CADソフトとしての特徴を表わしている部分のひとつです。

例を見ながら、使用方法を掴んでおきましょう。

*

「OpenSCAD」のパッケージには、「CSG演算」の働きを理解するためのサンプルが収録されています。まず、これを開いてみましょう。

ファイルメニューから「File→Exsamples→Basics」と辿って、「CSG.scad」を開いて、「F5」でプレビューしてください。

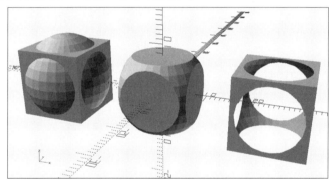

サンプルの実行結果

左側は「union」、中央は「intersection」、右側は「difference」を使って、それぞれ「立方体」と「球」を「CSG演算」で合成したものです。

このように、「CSG演算」を使うと、立体同士を足し引きして、新たな立体を作り出すことができます。

■「CSG演算」は階層的に適用できる

こうした「CSG演算」による合成は、プリミティブ立体同士だけでなく、合成後の立体同士を組み合わせてから、さらに「CSG演算」で合成することも可能です。

このようにして、複雑な立体を作り上げていきます。

第5章 「3Dプリミティブ」で造型

【「CSG合成」を複合的に使うプログラム(csg_snowman.scad)】

```
difference () {
  cube ([50,20,20]);

  translate ([25,0,15]) {
    union () {
      sphere (20);
      translate([15,0,0]) {
        sphere(15);
      }
    }
  }
}
```

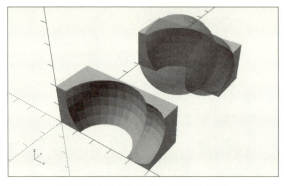

「CSG演算」で複合的に合成した結果

　この例は、2つの「球」を「union」で結合して、「雪だるま」のような形を作り、さらに、直方体からその「雪だるま」をくり抜いたものです。

> ※後ろ側の半透明で表示されている立体は、動作内容が分かりやすいように、後述の「modifier character」というデバッグ用の機能を使って表示しています。
> 　このプログラムでは、手前側の立体しか表示しません。両方表示するプログラムは、**サンプル・プログラム**に、「csg_snowman_skelton.scad」という名前で収録しています。

　「雪だるま」部分を組み合わせて「1つの立体」として扱って、さらにそれを別の立体(ここでは直方体)と組み合わせて「CSG演算」するというように、複合的(階層的)に「CSG演算」を行なうことができます。
　こうした方法を応用すると、「箱型の立体」から「ネジ溝型の立体」を引き算して、「ネジ穴の空いた立体」に仕上げる、などといった複雑な加工もできます。

　　　　　　　　　　　　　　　　　＊

　さて、この「雪だるまと立方体」のような簡単なものの組み合わせでも、プロ

グラムはそれなりの長さになっています。

　もっと複雑な立体を作る場合、延々とプリミティブ立体を書き連ねていくと、長くて分かりにくい(バグを作りやすい)プログラムになってしまいます。

　このような場合、たとえば「雪だるま部分」を1つのプリミティブ立体のような「塊」(部品)として扱うと、プログラムは短く見やすくできます。

　いくつかの立体をひとまとめにした1つの「塊」(部品)として扱う方法に、「**モジュール**」「**関数**」や、外部のファイルを読み込んで使う「**ライブラリ**」があります。

　「モジュール」「関数」「ライブラリ」については、後ほど改めて触れます。

> ※また、ここでまだ触れていない修飾命令(multmatrix、offset、hull、minkowskiなど)については、**附録PDF**を参照してください。

5-7　コメント文

■「OpenSCAD」のコメントについて

　プログラムの動作の意味を、プログラム中に「**コメント**」として記述しておくと、後から読み直すときや、他の人が読んだときに、分かりやすいプログラムにできます。

　「OpenSCAD」でも、「コメント文」を記述することができます。
　「コメント文」の書き方は、C言語系とほぼ同じです。

■1行コメント

　1行の中にコメントを記述する場合には「**//**」のように「スラッシュ」を2つ書きます。この「スラッシュ」を書いた場所から、その行の行末までが「コメント」として扱われます。

■ファイルメニューの「コメント/アンコメント」機能

　ファイルメニューから、「Edit→comment」(Edit→uncomment)を使うと、選択中のすべての行の行頭に、一度に「コメント」(アンコメント)にすることができます。

| 第5章 | 「3Dプリミティブ」で造型 |

■ 複数行コメント

複数行をまとめて「コメント」にしたい場合は、その範囲を「/*」と「*/」で挟み込むようにします。

■ 「コメント」の例

では、「コメント」を使った例を記します。

【コメントの記述例(comment1.scad)】

```
cube (10);          // comment 1
sphere (10);        // comment 2

/*   comment start
     in comment lines
     comment end */
```

上の2行がそれぞれ「1行コメント」の例で、下の3行が「複数行コメント」の例です。

5-8 「プリミティブ立体」と「CSG演算」の応用

基本的な「プリミティブ立体」の生成方法や移動、「CSG演算」などを利用して、簡単な立体を作ってみましょう。

実用的なものを作ってみるというよりは、これまでの応用で作れる簡単な立体作りを通して、「造形作業の流れ」「操作の雰囲気」を体感してください。

> ※ここでの造形の操作や、プログラミングの流れなどについては、**サンプル・ムービー**を公開しているので、併せて参照してください。

■ 作るもの(ゴール)

簡単な立体の例として、この章の冒頭で触れた「ゴルフのティーアップ」を作っていきます。

「ティーアップ」は、「地面に刺さる部分」「支柱の部分」「ボールを載せるカップ部分」で構成されています。

「地面に刺さる部分」「支柱の部分」については、「cylinder」(円柱)を使って造形し、「translate」で適所に配置します。

また、「ボールを載せるカップの部分」は、「cylinder」(円錐)から、「sphere」(球)をくり抜くことで造形できそうです。

66

5-8 「プリミティブ立体」と「CSG演算」の応用

こういったイメージを踏まえて、「ティーアップ」を作っていきましょう。

■「地面に刺さる部分」(くさび形)を作る

地面に刺さる部分、一般的な「ティーアップ」のサイズを元にして、「高さ45mm、半径4mm」として、「cylinder」を使って造形します。

先端の尖った部分は、「半径=0」として尖らせてもかまいませんが、ここでは、「半径=1」としています。

【地面に刺さる部分①(tee_up_wedge1.scad)】

```
cylinder (h = 45, r1 = 4, r2 = 1);
```

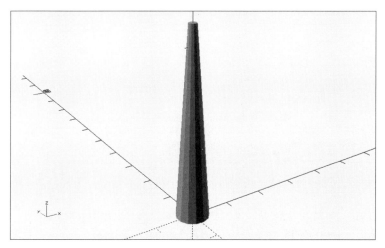

「地面に刺さる部分①」を表示してみたところ

「cylinder」の上下の半径に、異なる値を設定すると、このように片方が尖った、「円柱」と「円錐」の中間的な立体を造形できます。

＊

プレビューで表示してみると、図のように上下が逆になっています。

これをxy平面で180度反対に向けてみましょう。x軸でもy軸でもいいのですが、ここではx軸で180度回転します。

第5章 「3Dプリミティブ」で造型

【地面に刺さる部分②(tee_up_wedge2.scad)】
```
rotate([180, 0, 0]) {
  cylinder (h = 45, r1 = 4, r2 = 1);
}
```

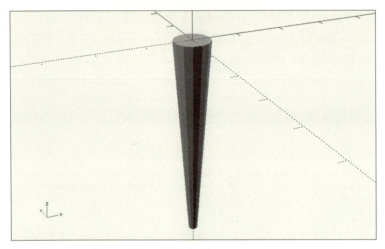

「地面に刺さる部分②」を表示してみたところ

　これで、地面に刺させる形状になりました。

　一般的な3D-CADでは、このような場合、マウスを使って「立体を選択」し、「移動操作」「回転操作」を使って、立体の位置や向きを調整します。
　一方、「OpenSCAD」の場合は、このように、「translate」や「rotate」を使って、プログラムで位置を少しずつ微調整していきます。

5-8 「プリミティブ立体」と「CSG演算」の応用

■「支柱の部分」を作る

「支柱の部分」は、「高さ30mm、半径8mm」の円柱で造形します。

【支柱の部分(tee_up_shaft.scad)】

```
cylinder (h = 30, r = 8);
```

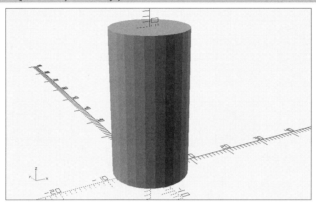

支柱の部分

市販品に比べると何の意匠もなく、ちょっと太くて無骨な感じがしますが、造形の練習用なので、ひとまずこれでいいことにしましょう。

※なお、「つづみ型」の造形について、**附録PDF**で触れているので、併せて参照してください。

■「ボールを載せるカップ部分」を作る

「ボールを載せるカップ部分」は、円錐から球をくり抜いた形状です。

円錐の部分は、「高さを15mm、下側の径を8mm、上側の径を14mm」としました。
これらの数値を元に、「cylinder」で「円錐形」(の一部)を造形します。

また、ゴルフボールの直径は「43mm」と決まっているので、それよりも少しだけ小さい半径の球でくり抜くことで、「ふちの部分」だけで安定してボールを支えられるようにします。
ここでは、「40mm」の球形でくり抜くことにします。

球形の位置を、「球形の半径ぶん＋10mm」ほど持ち上げておきます(「10mm」

第5章 「3Dプリミティブ」で造型

は、ボールを載せる「円錐の高さ＝15mm」より少し短い値）。

【ボールを載せる部分（tee_up_cup.scad）】

```
difference() {
   cylinder (h = 15, r1 = 8, r2 = 14);

   translate([0, 0, (40/2 + 10)]) {
      sphere (r = 40 / 2);
   }
}
```

ボールを載せる部分

■ 組み合わせる

では、3つのパーツを組み合わせてみましょう。

「地面に刺さる部分」と「支柱の部分」は、このままの位置で大丈夫そうですが、「ボールを載せる部分」については、支柱の長さ（30mm）ほど上に持ち上げる必要があります。

【ティーアップの全体像（tee_up.scad）】

```
// wedge
rotate([180, 0, 0]) {
   cylinder (h = 45, r1 = 4, r2 = 1);
}

// shaft
cylinder (h = 30, r = 8);

// cup
translate ([0, 0, 30]) {
   difference() {
```

5-8 「プリミティブ立体」と「CSG演算」の応用

```
    cylinder (h = 15, r1 = 8, r2 = 14);
    translate([0, 0, (40/2 + 10)]) {
      sphere (r = 40 / 2);
    }
  }
}
```

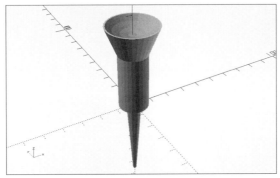

3つのパーツを組み合わせて「ティーアップ」に

「ティーアップ」の形状になりました。

「sphere」のパラメータには、「r = 40 / 2」のように「半径」を指定しています。
　ただし、球や円柱のように「円」を扱うオブジェクトでは、半径「r」パラメータの代わりに、直径「d」パラメータを使って「d = 40」と指定することも可能です（「d」は、diameter：直径）。

　ただし、同じプログラムで「直径」と「半径」が混在すると、分かりにくいバグの原因になる恐れがあるため、1つのプログラムでは、どちらか一方に統一しておくことをお勧めします。
　各命令とも、パラメータ名を省略した場合は「半径」が想定されるので、特に理由がなければ、「半径」に統一するといいでしょう。

> ※後述する一部の「ライブラリ」では、「直径」を前提とするものもあります。
> 　その場合は、「半径」と「直径」が判別しやすくなるようにプログラムを記述するようにしてください。

第5章 「3Dプリミティブ」で造型

■ プログラムの保存

立体が想定どおりに表示されたら、プログラムを保存しておきましょう。

ファイルメニューから、「File→Save as」を選択すると、ファイル保存のダイアログが表示されるので、「tee_up.scad」と名前をつけて保存しておきましょう。

既存ファイルを修正して、上書き保存する場合は、「File→Save」を使います。（なお、新規ファイルを保存する場合は、「File→Save」でも名前をつけて保存になります）。

＊

この保存したプログラムは、後ほど利用します。

> **注意**
>
> 保存先フォルダのパスやファイル名には、「全角文字」は含めないでください。
> ファイルの保存自体は可能なのですが、後でプログラムを「ライブラリ」として利用するときなどに、不意なトラブルの元になるためです。
> （「OpenSCAD」に限らず、パス名やファイル名に「全角文字」が含まれていると、うまく動かない海外ソフトは数多くあります）。

＊

さて、この出来上がった「ティーアップ」の図は、「ゴール」として掲げていたものと比べて、表面がゴツゴツとした感じに見えると思います。

これは、曲面部分がパッと見て分かる程度に、荒い面（ポリゴン）で分割されているためです。

「OpenSCAD」は、作った立体の「曲面」部分を、どのくらい滑らかに（細かく）分割して出力するかを指定できます。

この指定方法については、後ほど「特殊変数」のところで、改めて触れます。

■ 3つのパーツを1つにする必要は？

「OpenSCAD」は、プログラムで造形した立体データを、3Dプリンタで扱う「.STL」形式などのファイルで出力できます（ファイル出力機能については後述）。

＊

さて、この「ティーアップ」は、「くさび形部分」「支柱部分」「カップ部分」の3つのパーツで構成されていますが、これらのパーツは、「union」で1つの立体に

5-8 「プリミティブ立体」と「CSG 演算」の応用

合成されてはいません。

そのため、「このまま出力したら、3つのバラバラのパーツに分かれてしまうのでは？」という疑問が出てくるかもしれません。

結論を言うと、これらのパーツを「.STL」などで出力する際、「union」で結合しておく必要はありません。

出力時に、1つのまとまった立体データとしてまとめられます（もちろん、「union」で合成してもかまいません）。

この「ティーアップ」の場合であれば、3つのパーツが一体に結合した状態で収録されます。

＊

一方、「複数のパーツが離れた位置に配置」されている 3D データを出力する場合は、注意が必要です。

複数のパーツに分かれた立体を「.STL」ファイルのデータとして出力すると、それらの立体は、あたかも「見えない透明の棒」のようなものでお互いが接続されているように扱われます。

このため、他のソフトでこの 3D データを読み込むと、見た目は離れているけど1個の立体として扱われるという、少し不思議な状態になります。

他のソフトで再編集をする際など、場合によっては支障が出ることもあるので、注意してください。

※別々に扱いたい場合は、別々のプログラムで、別々の立体として出力してください。

第6章
2Dオブジェクト

「2Dオブジェクト」を使いながら、その操作方法などを理解して、もう少し複雑な立体データを造形します。
また、「ポリゴン」の扱いについても触れていきます。

6-1　「2Dプリミティブ」と「2Dオブジェクト」

■ 本節のゴール

　この節では、「**平面のオブジェクト**」(2Dプリミティブ、2Dオブジェクト)の扱い方に触れてから、それらを使って、少し複雑な立体に組み上げていきます。

　この章のゴールとして、「フォントデータ」(2Dデータ)を使い、「スタンプ」(判子)を作ってみます。

「スタンプ」の完成イメージ

　「2Dプリミティブ」「2Dオブジェクト」を利用して立体を作ると、3Dプリミティブだけの組み合わせよりも複雑な立体を作ることができます。

　この章で取り扱うのは、
・2Dプリミティブ、2Dオブジェクト
・2Dオブジェクトの加工
・特殊変数を適用した2Dオブジェクト
・2Dオブジェクトから立体を生成

です。

　また、「2Dオブジェクト」を含めた立体を造形するようになってくると、プロ

6-1 「2Dプリミティブ」と「2Dオブジェクト」

グラムも少しずつ長くなってくるため、バグを探したり直したりするのも徐々に大変になってきます。

そこで、デバッグのための「modifier character」の使い方についても併せて触れます。

■「2Dプリミティブ」「2Dオブジェクト」とは

「OpenSCAD」では、「3Dのプリミティブ」だけでなく、「**2Dプリミティブ**」というものも利用できます。

「2Dプリミティブ」は、「円」「正方形」「長方形」「正多角形」のような比較的シンプルな平面図形のことを指します。

これらの「2Dプリミティブ」は、「circle」「square」といった、平面の図形を描く「Action命令」を使って描画します。

また「2Dオブジェクト」は、この「2Dプリミティブ」も含め、「ポリゴン」「文字フォント」「ベクター図形(.DXFなどの外部ファイル)」といった、より複雑な平面図形を含めたものを指します。

「2Dプリミティブ」と「2Dオブジェクト」は、明確な線引きがあるわけではないので、本書では以降、これらをまとめて「**2Dオブジェクト**」と総称することにします。

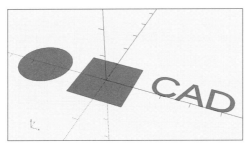

「2Dオブジェクト」の例(2d_figures.scad)

「2Dオブジェクト」を生成する命令を実行すると、「原点」(0,0,0)を基準に、xy平面に図形が描かれます。

これらの図形は、後述する「linear_extrude」(線形押し出し)や「rotate_extrude」(回転押し出し)といった、「押し出し操作」と組み合わせることで、複

第6章 2Dオブジェクト

雑な立体を作るときに使います。

> ※「2Dオブジェクト」は、「プレビュー・モード」では「厚さ＝1」の立体のように表示されますが、「render」でコンパイルしてみると、単なる平面として扱われます。
> また、「2Dオブジェクト」だけでは、立体としては意味を成しません。
> 「2Dオブジェクト」に「押し出し操作」などと組み合わせて、「3Dオブジェクトを生成」(立体化) するときに利用するか、後述の「2Dデータファイル」(SVGやDXF) として出力するときに使います。

■ 簡単な「2Dオブジェクト」を使ってみる

簡単な例として、まず「円」を描いてみます。

「circle」命令を実行すると、xy平面に「円」が描かれます。

【半径10の円を描く2Dプリミティブの例(2d_circle.scad)】
```
circle (r = 10);
```

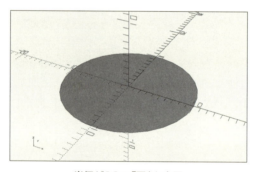

半径が10の「円」を表示

*

「円」以外の図形も眺めてみましょう。

【1辺が10の「正方形」を原点中心に配置(2d_square1.scad)】
```
square (size = 10, center = true);
```

【幅10、高さ20の「長方形」(2d_square2.scad)】
```
square (size = [10,20]);
```

6-1 「2Dプリミティブ」と「2Dオブジェクト」

【"OpenSCAD"という「文字列」を、高さ10mmで描画(2d_text.scad)】
```
text (text = "OpenSCAD", size = 10);
```

正方形、長方形、テキスト文字の表示例

「**square**」命令は、パラメータ「size」に数値だけを指定すると、その長さの「正方形」を描きます。

数値の代わりに大括弧で囲った2つの数値を指定すると、縦横がそれぞれの長さの「長方形」を描きます。

※大括弧を使ったデータ形式を「ベクトル」と言います。詳しくは後述。

「**text**」命令は、パラメータ「text」で表示する文字列を指定すると、TTF形式のフォントを使って「文字列」を描画します。
パラメータ「size」は、「文字の高さ」(文字の基準線より上の部分の高さ)の指定です。
文字の高さについては、次の図を参照してください。
また「text」は、フォントを指定して描画することもでき、他にもたくさんのパラメータが指定できます。詳しい使い方は後ほど改めて触れます。

文字の高さの指定「size=10」の意味

第6章 2Dオブジェクト

■「ベクトル」とは

「**ベクトル**」は、「いくつかのデータをひとまとめ」にしたデータ形式です。

複数のデータ（定数や変数）を、「**カンマ**」(,) で区切り、それら全体を「大括弧」で囲った形をしています。

一般的な言語の「配列」というものと同じような働きをもち、「n個」の各要素は、前から順に「0」から「(n-1)」まで番号が振られ、それぞれ番号で読み出すことができます。

【「配列」の簡単な例】

```
a = [10, 20, 30];
b = a[2];
```

上記のプログラムを実行すると、変数「b」には3番目の値である「30」が取り出されます。

*

この「ベクトル」の中には、「数値」だけでなく、「文字列」データを格納することもできます。さらに、「ベクトル」の中に「ベクトル」を格納することもできます。

「ベクトル」の中に「ベクトル」を入れるとき、そのサイズを「n×m個」と長方形のようにしたものを、「OpenSCAD」では「**matrix**」と呼びます（二次元配列）。

なお、「文字列」データは、1文字1文字のデータを、配列の1要素のようにアクセスできます。あたかも、たくさんの文字（1文字1文字）が配列に格納されているのと同じようにアクセスできます。

【「matrix」と「文字列」の例】

```
a = "OpenSCAD";
b = [[0,1,2],
     [3,4,5]];
c = a[0];
d = b[1][2];
```

実行すると、「c」には「O」の文字が、「d」には「5」の値が代入されます。

*

「ベクトル」「matrix」の詳しい説明については、**附録PDF**に掲載しているので、参照してください。

6-1 「2Dプリミティブ」と「2Dオブジェクト」

■ polygon(ポリゴン)

「**polygon**」は、図形の各頂点を「座標」で指定して、それらをつないだ図形を描く「Action命令」です。

図形の各頂点を「points」パラメータで指定し、それらの点を「paths」パラメータで指定した順につないだ図形を描きます。

「polygon」は、描ける図形の自由度が比較的高いので、いわゆる「2Dプリミティブ」よりも複雑な図形を作ることができます。

【頂点が「[0,0],[10,0],[0,15]」の三角形(2d_polygon1.scad)】

```
polygon (points = [[0,0],[10,0],[0,15]], paths = [[0,2,1]]);
```

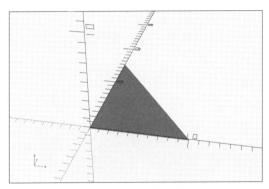

ポリゴンを表示した例

「points」に、3つの頂点を指定して、それらを「paths」に沿って結んだポリゴン図形です。

「paths」パラメータは省略できます。その場合、単に「points」に指定された座標の点を順々につないだ図形を描きます。通常はこの使い方のほうが多いでしょう。

「paths」指定がある場合は、「points」で指定している各点の「描き順」を、任意の順序に並べ替えてつなぐことができます。

その際、点の順番は「points」で指定している各点の先頭から順に「0、1、…(n-1)」と振られます。

先ほどの例では、描き順は「[0,2,1]」と指定しているので、「[0,0],[0,15],[10,0]」の順につないだ三角形が表示されることになります。

第6章 2Dオブジェクト

さらに、「paths」に2個以上の描き順を指定すると、外側の図形から内側の図形をくり抜いた図形を生成できます。
(正確には、複数の「paths」指定間で重複した領域の表示と非表示が反転することによって、「くり抜き」の操作が行なわれます)。

例として、6個の「頂点」を使って、それらから2つの「三角形」を描き、くり抜いてみます。

6個の「頂点」と、2通りの「パス」を指定しています。

【ポリゴンで「くり抜き」を行なうプログラム】

```
polygon (points = [[0,0],[10,0],[0,15],
                   [-10,-10],[30,-10],[-10,50]],
         paths = [[0,1,2],
                  [3,4,5]]);
```

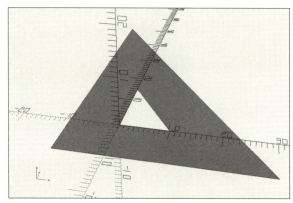

ポリゴンで「くり抜き」を行なった結果(2d_polygon2.scad)

※「paths」を使った「くり抜き」操作は、このように、プログラムが「数値の羅列」となって見づらくなります。
　また、「difference」などの「CSG演算命令」(2D図形同士にも適用可能)を組み合わせると、同様の「くり抜き」の操作が可能です。
　そのため「paths」の代わりに「CSG演算命令」を使ったほうが、くり抜いている動作が明示でき、見やすいプログラムになり、お勧めです。

6-1 「2Dプリミティブ」と「2Dオブジェクト」

■「2Dオブジェクト」の修飾と加工

「2Dオブジェクト」は、xy平面上に、「[0,0,0]」を基準として描かれます。

この2D図形についても、「translate」「rotate」で移動や回転を行なったり、2D図形同士で「CSG演算」の修飾命令(「union」「diffrerence」「intersection」)を使って、図形の合成を行なうことが可能です。

＊

例として、円を移動する操作と、2D図形からテキスト文字を引き算(differece)する操作を見てみましょう。

円をy軸方向に「40mm」移動し、また、長方形から文字を抜き取る(引き算)という操作を行ないます。

【2D図形の「移動」と「CSG演算命令」(2d_csg.scad)】

```
// move 2d object
translate ([0, 40, 0]) {
  circle (r = 20);
}

// CSG with 2Ds
difference () {
  translate ([-5,-5,0]) {
    square ([80, 20]);
  }

  text (text = "OpenSCAD", size = 10);
}
```

2D図形の「移動」と「CSG演算命令」の例

ここでは「difference」を利用しましたが、2D図形同士でも、「union」や「intersection」が利用できます。

| 第6章 | 2Dオブジェクト |

6-2 2D 図形から「押し出し」で、3D 立体を造形

■「2Dオブジェクト」を立体化

「2Dオブジェクト」の図形は、「押し出し加工」や「回転体」にすることで、立体化できます。

こうした立体化の加工には、「linear_extrude」「rotate_extrude」という修飾命令を使います。

(これらを使うと立体が生成されるのですが、文法上は、「2Dオブジェクト」を修飾する「修飾命令」です)。

■ lenear_extrude

「lenear_extrude」は、「2Dオブジェクト」を直線的に「押し出し」して、立体を生成する「修飾命令」です。簡単に言うと、「柱状の立体を作る」命令です。

「押し出し」しながら、「ねじり」を加えたり、「縮尺」を変化させたりすることもできます。

【「lenear_extrude」の書式】

```
linear_extrude(height = 100,
               center = true,
               convexity = 10,
               twist = 360,
               slices = 20,
               scale = 1.0)
```

*

各パラメータは、次のような働きをします。

・height

押し出す「高さ」(z軸方向)の指定。「h」ではなく「height」なので注意。

・center

「true」を指定した場合、「押し出し」した立体の中央が原点(上下対称)の位置に、「false」を指定するか「指定なし」の場合、xy平面から上方に立体が立ち上るように、それぞれ生成される。

・convexity

附録PDFを参照。

82

6-2 2D図形から「押し出し」で、3D立体を造形

・twist

「押し出し」に合わせてどのくらいの「ねじり」を加えるかを、「度」単位で指定（プラス値なら時計回り、マイナス値で反時計回り）。

・slices

立体化で曲面が発生する場合（「twist」や、下記の「scale」での「ベクトル」の指定など）に、荒いポリゴンではなく、なだらかな曲面で出力するための指定。

・scale

「押し出し」を行なうときの断面の「縮尺」に変化をつけるときに利用。

開始地点のサイズを「1.0倍」とした場合の終了地点の大きさを、「相対数値」で指定。

「0倍」にすると、「円錐」や「四角錐」のように尖った立体になる。

（「scale」にベクトルを指定すると、x軸方向、y軸方向それぞれの縮尺を別々に指定することも可能）。

補　足

　「linear_extrude」の各パラメータは、以前のバージョンとの互換性のために、パラメータ名を省略することができません。

　省略すると、パラメータ指定の順序が狂い、意図したとおりに機能しなくなります。

【「lenear_extrude」による押し出し（2d_linear_extrude1.scad）】

```
linear_extrude(height = 100, twist = 360) {
  translate([10, 10, 0]) {
    square (size = 30);
  }
}

linear_extrude(height = 100, scale = 0.5) {
  translate([100, 10, 0]) {
    square (size = 30);
  }
}
```

第6章 2Dオブジェクト

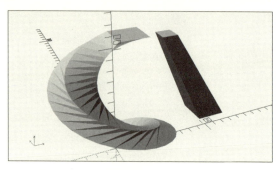

「lenear_extrude」の押し出しとねじりの例

　上記の図は、1辺30の「正方形」を360度ねじった立体と、縮尺を「1.0〜0.5倍」まで変化させながら押し出しした立体です。
　これらの「回転」や「縮尺」は、「z軸」を基準(中心)に行なわれます。

【「scale」にベクトルを指定したプログラム(2d_linear_extrude2.scad)】

```
linear_extrude(height=100, scale=[1, 0.2], slices=20, twist=0) {
  polygon (points = [[0,0],[50,0],[0,-50]]);
}
```

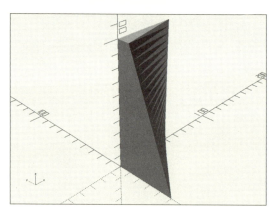

「scale」にベクトルを指定した結果

　「scale」にベクトルを指定すると、このようにx軸成分、y軸成分の縮尺を別々に指定できます。
　その際、図のように一部が曲面となる場合がありますが、パラメータ「slices」で分割数を指定することで、曲面を滑らかに表現することができます。「20」程度を基準に、必要に応じて増減してください。

6-2 2D 図形から「押し出し」で、3D 立体を造形

■ rotate_extrude

「**rotate_extrude**」は、2D図形から「ろくろ」のように回転した立体を生成できます。

回転は、「z軸」を中心として行なわれます。

【「rotate_extrude」の書式】

```
rotate_extrude(angle = 360,  // ※注意
               convexity = 10)
```

「z軸」を中心に、2Dオブジェクトの形状が「断面」となるような、「回転体」を生成します。

その際、xy平面上に描かれた2D図形は、自動的にx軸を中心に90度回転（90度起こす）されてから、回転体が生成されます。

なお、あらかじめz軸方向に立てておく必要はありません。xy平面に描かれた図形が、自動的（強制的）にx軸で90度回転して引き起こされてから、z軸を中心に回転した立体になります。

回転体の回転角を指定する、「angle」パラメータについては次ページの補足を参照してください。

【円を回転させてドーナツ型を生成(2d_rotate_extrude1.scad)】

```
rotate_extrude () {
  translate ([20, 0, 0]) {
    circle (r = 10);
  }
}

translate ([60,0,0]) {
  rotate_extrude () {
    rotate ([60,0,0]) {
      translate ([20, 0, 0]) {
        circle (r = 10);
      }
    }
  }
}
```

85

第6章 2Dオブジェクト

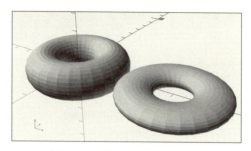

「ドーナツ型」が生成されたところ

　この例の左側は、断面に半径10mmの「circle」(円)を使い、「ドーナツ型」を生成したものです。
　「円」を、原点([0,0,0])からx軸方向に20mm移動させて、「rotate_extrude」を適用すると、原点を中心に回転した「回転体=ドーナツ」が出来上がります。

　なお、断面を「rotate」で回転してから「rotate_extrude」を適用すると、先ほどの図の右側のような、扁平(ひらべったい)な立体を生成することもできます。

　このサンプルでは、x軸上に配置した円から回転体を造詣していますが、x軸上以外に配置した平面図形の場合も、「x軸を中心に90度回転」してから回転体が造形されます。

　なお、「rotate_extrude」のパラメータは、通常は何も指定しなくてかまいませんが、利用する図形(断面)が複雑な場合、うまくプレビュー表示されないことがあります。
　その場合は、パラメータに「convexity = 10」のように「convexity」を指定してみてください(「convexity」については附録PDFを参照してください)。

> **補足**
>
> 　現在開発中のバージョン「2016.02」では、「angle」パラメータで「ろくろを回す角度」の指定ができるように機能拡張されています。
> 　次にリリースされるバージョンでは、正式にサポートされることが予想されるので、使用例を示します。
> 　なお、回転角はz軸を中心に「反時計回り」(右ネジの法則)方向で指定します(x軸方向が0度)。

6-2 2D図形から「押し出し」で、3D立体を造形

先ほどの「rotate_extrude」のパラメータに、それぞれ「angle = 270」を指定すると、図のようになります（図の右側が0度、下側が270度）。

【「rotate_extrude」で回転体の角度を指定(2d_rotate_extrude2.scad)】

```
rotate_extrude (angle = 270) {
  translate ([20, 0, 0]) {
    circle (r = 10);
  }
}

translate ([60,0,0]) {
  rotate_extrude (angle = 270) {
    rotate ([60,0,0]) {
      translate ([20, 0, 0]) {
        circle (r = 10);
      }
    }
  }
}
```

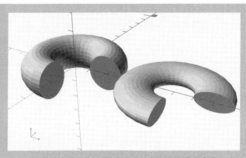

回転体の角度を指定した例（270度回転）

⚠ 注意

「3Dオブジェクト」と「立体化されていない2Dオブジェクト」が混在するプログラムは、プレビューでは両方とも表示できますが、「Render」でコンパイルを行なうと、混在している旨の警告が表示されて、2Dオブジェクトのみの表示となります。

「.STL」ファイルなど3Dデータを出力したい場合は、すべて3Dオブジェクトになるように、「.DXF」など2Dデータを出力したい場合は、すべて2Dオブジェクトになるように、プログラムを記述してください。

各ファイル形式の意味は、第8章で触れます。

| 第6章 | 2Dオブジェクト |

6-3　分解能に関する「特殊変数」

「OpenSCAD」では、いろいろなシーンで「**変数**」が利用されますが、「変数」とは何かについては次の節で触れることにして、まずは「**特殊変数**」と呼ばれるものについて説明します。

*

「特殊変数」には、大きく分けて3種類あります。

・「曲線」「曲面」の滑らかさ
・アニメーション表示
・「children( )」によるモジュールの修飾

ここではまず、これらのうち、「曲線」「曲面」の滑らかさに関する「特殊変数」について触れます。

■「曲線」「曲面」の滑らかさに関する「特殊変数」

「OpenSCAD」では、「プレビュー表示」や「3D/2Dデータの出力」でのグラフィック表示、そして「3Dデータのファイル」に出力する際(詳しくは後述)、立体の曲面や曲線は「小さなポリゴンやベクトル」に分割され、「擬似的にな曲面/曲線」で表現されます。

この「ポリゴン」や「曲線」の分割の細かさは、「曲線」「曲面」に関する特殊変数を使って指定できます。

「曲線」「曲面」に関する特殊変数には「**$fa**」「**$fs**」「**$fn**」の3つがあり、「2Dオブジェクト」「3Dオブジェクト」の両方に適用することが可能です。

・**$fa**

角分解能(円や球などの「曲線」「曲面」について、何度まで分解するか)の指定。
デフォルト値は「12度」で、この場合、一周が「360度÷12＝30個」のセグメントに分割した形で表現される。

・**$fs**

いちばん荒い部分の解像サイズ(「曲線」「曲面」をどのくらい小さなサイズまで分解するか)の指定。

6-3 分解能に関する「特殊変数」

デフォルト値は「2」で、この場合、ポリゴンサイズは「2」より細かい部分は解像されない。最小値は「0.01」。

・$fn

分解数(「曲線」「曲面」の形成の際、360度をいくつに分解して表現するか)の指定。

デフォルト値は「0＝無効」。正の値を指定すると、「$fa」「$fs」を無効化して、「$fn」の値が有効になる。

＊

例を見てみましょう。

【「特殊変数」を指定して球の滑らかさを調整(special_variables1.scad)】

```
$fa = 5;
sphere (100);
```

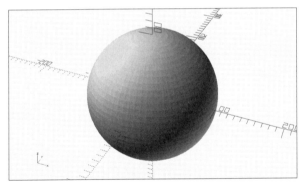

「角分解能」を「5度」(360÷5：一周を72等分)に設定した球

「$fa」で角分解能を「5度」に設定すると、このようにデフォルト値より滑らかな表示になるのが分かると思います。

もちろん、もっと細かく滑らかにすることもできます(小さいほうが細かくなる)。

＊

分解能は、出力したい立体の「曲面の滑らかさ」に合わせて設定しますが、3Dプリンタや CNC フライスは、出力や加工できる精度(出力分解能)に限りがあります。

第6章 2Dオブジェクト

そのため、出力分解能以上に細かくしても、処理時間やデータ容量が無駄になるので、注意が必要です。

なお、併せて解像サイズ「$fs」を指定しておくと、設定値と出力分解能のどちらか「荒いほう」に合わせて、立体の生成が行なわれます(デフォルト値は2、最小値は0.01)。

この「$fs」の指定は、「大きな曲面」と「小さな曲面」が混在する立体のときに有用です。

その場合、「$fa」は大きな曲面が充分きれいに見える程度に細かく設定しておいて、「$fs」は3Dプリンタなどの出力分解能に合わせておくといいでしょう。

＊

「$fn」は扱い方が少し特殊で、「$fa」「$fs」とは排他的に利用します。

「$fn」のデフォルト値は「0」で無効化されていますが、「0」以外の値を設定すると、曲面の一周360度をいくつに分割するかの指定になります。

たとえば、「$fn＝360」を指定すると、「360度÷360=1度」単位に分解されます(数値が大きいほうが細かくなる)。

＊

これらの分解能は、あまり細かくしすぎると、大量のポリゴンが生成されるため、計算時間が長くなる、多くのメモリを占有して使うなどの悪影響もあります。

場合によっては、いつまでも処理が完了しないこともあるかもしれません。

通常の造形作業では、まず「ラフ設計」の段階では荒めに設定しておいて、意図した形状が得られたかを、短い時間で確認できるようにしておきます。

そして、「コンパイル」～「STLファイル出力」(後述)のときに、処理時間の様子を見ながら、少しずつ細かくしていくといいでしょう。

特に、「CSG演算」で立体表現を行なう「OpenSCAD」は、「B-Reps」(境界表現)で扱う3D-CADソフトに比べると、処理時間が長くなる傾向があるので、注意が必要です

「CSG演算」と「B-Reps」の比較については**附録PDF**を参照してください。

6-3 分解能に関する「特殊変数」

■「特殊変数」の実際の指定方法

これらのパラメータは、「プログラムの冒頭」に書いておくと、プログラムの全体に適用することができます。

通常は、全体に適用する設定値を、プログラム冒頭で1箇所にまとめて記述しておくといいでしょう。

設定の変更を行なう際は、その1箇所を修正するだけです。

また、「特殊変数」を特定の立体だけに適用することもできます。

特定の立体にだけ適用するためには、各立体の「パラメータ内」に指定します（たとえば、「sphere (r = 10, $fn = 100);」など）。

ただし、大規模なプログラムを作る場合には、あちこちの立体にバラバラに分解能を記述してあると、見直しや修正を行なうときに大変になるので、お勧めできません。

一方、「正多角形」を生成するとき、この個別オブジェクトに設定する方法はとても便利です。

例として、「$fn」を使って、断面が「正六角形」のドーナツ型を生成してみましょう。

【「$fa」「$fn」を利用して、正多角形で立体を生成（special_variables2.scad）】

```
$fa = 2;

rotate_extrude () {
  translate([50,0,0]) {
    circle (r = 20, $fn = 6);
  }
}
```

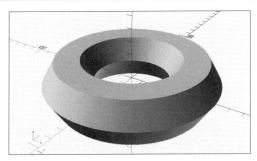

「$fn=6」でドーナツの断面を「六角形」に

2Dオブジェクト

「circle」のパラメータ内に、「$fn＝6」が指定されていいます。

これは、円周を6本の直線に分解して描く。つまり「正六角形」を描くことができます。

一方、ドーナツ型のほうは冒頭の「$fa＝2」が適用されて、滑らかな(180分割の)ドーナツ型となっています。

このような使い方は、「Action命令」(「circle」「sphere」「cylinder」のように曲線や曲面を扱うもの)、「修飾命令」(「rotate_extrude」など)、どちらでも適用可能です。

6-4 2D図形の応用

いろいろな「2Dオブジェクト」の使い方を見てきたので、これらを応用して、「スタンプ」(判子)を作ってみます。

■「スタンプ」の概要

「スタンプ」の構造とその機能を念頭において、それらを構成するパーツをどのように組み合わせたら、スタンプとして機能できるを考えてみましょう。

この節の冒頭に掲げた「スタンプ」の構成パーツを、大きく、
・本体部分
・縁取りと文字の部分
・手で握るためのハンドル部分
の3つに分けて、構成してみます。

＊

「本体部分」は、単なる「円柱」では面白くないので、「楕円」にしてみます。

スタンプされる「文字」(浮き彫りにする文字)は、上下や裏表が分かる簡単な文字として、アルファベットの「B」を使うことにします。
(2D図形として、文字の代わりに、後述する「.DXF」ファイルを取り込んで、複雑な絵を浮き彫り加工するといったことも可能です)。

「ハンドル部分」は、握りやすい形状として、単純な「球」とします。

＊

では、以降でこれらのパーツを組み上げていきましょう。

6-4 2D 図形の応用

■ 本体部分

スタンプ本体は、少し縦長の楕円形にします。

2Dオブジェクトで円を描いてから「scale」で修飾して、楕円に変形します。

半径「75 mm」の円を描いて、縦(y座標)方向に「scale」で「1.2倍」に引き伸ばします。

これを厚み「30mm」になるように、「linear_extrude」で立体化して、楕円柱にします。

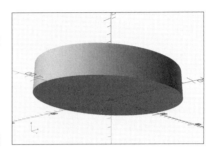

「本体部分」の形状

■ 浮き彫り部分

「フチ」と「文字」の部分を残して、それ以外を本体から削り落とすことで、「スタンプ」の朱肉を付ける部分を造形します。

この、削り落とす部分の2D図形を作ります。

まず、本体より一回り小さい円(r＝70)を、「scale」で縦方向「1.2倍」に引き伸ばした楕円を作り、この楕円から「B」の文字を引き算します。

すると、「B」がくり抜かれた楕円形の2D図形が出来上がります。

この図形を「5mm」の厚みで立体化し、本体から「difference」で引き算すると、「文字」と「フチ」の部分が残って、朱肉が付く部分になります。

文字の浮き彫りの部分

■ ハンドルの部分

ハンドルは、手で握りやすい形として、半径「50mm」の「球」と単純な形状にしました。

この「球の半径＋浮き彫りの厚みのぶん」の、「50＋5mm」だけ上に持ち上げた位置に配置します。

第6章 2Dオブジェクト

■ プログラム

【スタンプのプログラム(stamp1.scad)】

```
$fa = 1;

// body
difference () {
  // main body
  linear_extrude (height = 30) {
    scale ([1.0, 1.2, 1.0]) {
      circle (r = 75);
    }
  }

  // outer frame and letter to ommit
  linear_extrude (height = 5) {
    difference () {
      // outer frame
      scale ([1.0, 1.2, 1.0]) {
        circle (r = 70);
      }

      // letter "B"
      translate ([-50, -50, 0]) {
        text (text = "B", size = 100);
      }
    }
  }
}

// handle
translate ([0, 0, 50 + 5]) {
  sphere (r = 50);
}
```

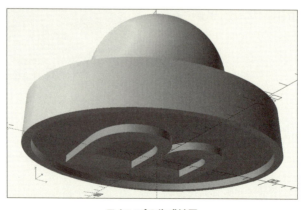

スタンプの生成結果

6-4 2D 図形の応用

■「スタンプ」の作成から見える2つの課題

①効率の良いカット＆トライの方法はないのか？

さて、このように1つ1つのパーツを組み合わせていくことで、確かに「スタンプ」の形状は生成できます。

一般的な「3D-CAD」では、このような複数のパーツを組み合わせた立体を作る場合、とりあえずパーツを置いてみて、変形をしてみたり、場所を調整してみたり、といった微調整（カット＆トライ）をしながら、仕上げていきます。

一方、「OpenSCAD」の場合、このようなプログラムをゼロから順に書いていって、いきなり形を作り上げるというのは困難です。

先ほどの「スタンプ」も、カット＆トライで調整をしながら作りました。

②「繰り返し」や「条件分岐」などを使った複雑な造形方法は？

また、先ほどの「スタンプ」のプログラムは、一般的なプログラミング言語と比べてみると、少し様相が異なる部分があります。

たとえば、「繰り返し処理」や「条件分岐処理」といった「制御処理」が登場していません。

ただし、「OpenSCAD」でも、「繰り返し処理」や「条件分岐処理」は利用できます。

幾何学的に立体が並んだ形状などは、「繰り返し処理」を使うと簡単に作ることができます。

「ハンドルの直径」や「楕円の縦横比」のように、同じ数値データが複数登場し、あちこち別々に記述されているデータを手直し（変更や調整）する場合、とても手間が掛かってしまうのが想像できます。

こうした共通的なデータは、変数を使うと管理がしやすくなります。

*

②のような、複雑な「制御処理」や、「変数」を使ったスマートな処理については次の章で触れることにし、まずここでは、①のカット＆トライで造形をするための機能について触れておきます。

*

「OpenSCAD」には、カット＆トライに便利な「modifier character」という機能が搭載されています。

95

| 第6章 | 2Dオブジェクト |

「modifier character」は、プレビューやレンダリング時に、プログラムの一部
分だけを表示対象に設定したり、逆に一部分の表示を非対象にしたり、特定箇
所だけ色をつけて分かりやすく表示する機能です。
(実際、先ほどの挿絵の、「本体部分」だけの図や、「浮き彫り部分」だけの図は、
この「modifier character」を利用して表示しています)。

6-5　modifier character

■ カット＆トライのための機能

先ほどのスタンプは大まかに分けると、

①楕円形の本体を作る

②文字とフチのくり抜き部分を作る

③取手をつける

といった具合に、カット＆トライしながら、1個1個の部品を付け足していくと
いう流れで作りました。

その際、①の本体部分を作る工程までなら、プレビュー時に楕円の本体だけ
しか表示されないので、プレビュー機能だけでも充分に確認ができます。

しかし、この本体部分に、「文字」や「フチ」の造形を組み合わせる場合、「文字
やフチ」は本体部分からくり抜き加工を行なって作っているため、位置的にはお
互いが重なって表示されてしまいます。

そのため、普通にプレビューするだけだと、見づらくて編集に支障が出てき
ます。

このような場合に、「modifier character」を使います。

■ 「modifier character」とは

「modifier character」は、一部のオブジェクトだけ「表示/非表示」を切り替
えたり、「ハイライト表示」で該当箇所だけを目立つように表示したり、指定し
たオブジェクトだけレンダリング非表示にしたりといった、デバッグ用に便利
な機能です。

| | 6-5 | modifier character |

「modifier character」には、

- #
- !
- *
- %

の4つの文字があり、プログラム中の、操作対象のオブジェクトの「頭部分」に
指定することで利用できます。

　また、これらは1個の単体オブジェクト(Action命令)に対してだけではなく、
たとえば「union」のような修飾命令の行頭に付加すると、「union」の中括弧で修
飾されるオブジェクトも含めた、「サブツリー全体」に対して効果を及ぼします。
(さらに、次の章で触れる「for文」や「if文」などの先頭に付けることもできます)。

＊

では、それぞれの意味と効果を見ていきましょう。

●#(ハイライト表示)

　「#」は、指定したオブジェクト(サブツリー)をハイライト表示します。
プレビュー表示のみで、renderには影響しません。

　他の「modifier character」と異なり、移動や回転なども適用された状態で表示
されるので、特定のオブジェクトをのみを見やすくしたい場合に便利です。

●!(ドキュメントルートに仮定)

　「!」は、指定した場所を「オブジェクトルート」(プログラムの先頭)と仮定し、
他のオブジェクトを無効化した状態で表示します(プレビューだけでなく、render
にも影響します)。

　無効化された部分の「修飾命令」(移動や回転など)は効いていない状態なので、
そのサブツリーが原点基準で構築されます。

●*(非表示)

　「*」は、指定したサブツリーを無効化して、それ以外を表示、レンダリングし
ます(プレビューだけでなく、renderにも影響します)。

　指定したサブツリーだけが無効化されるので、それ以外の配置には影響しま

97

第6章 2Dオブジェクト

せん。

また、ツリーを丸ごと無効化できるので、（複数行にまたがって）コメント化で非表示にするよりも操作が簡単です。

●%（グレーで透過表示）

「%」は、指定したサブツリーを、render時には無効化し、プレビュー時には薄いグレー表示にします。

「*」に似ていますが、プレビュー時に薄いグレーで表示される点が異なります。

これらの「modifier character」を利用して、複雑な立体を造形します。

まずは各部分の造形の具合を確認し、それらを組み合わせたパーツ同士（少し上位のサブツリー）の確認を行なっていって、最終的に全体を組み合わせた造形が上手く出来ているかを確認する、といった流れで作業を行なっていきましょう。

■「modifier character」を使ってみる

特によく使うのは、「!」と「*」の2つです。まずは、この2つの使い方に慣れておくといいでしょう。

*

先ほどの「スタンプ」の例で、これらの使い方の例を見てみましょう。

まず、「文字とフチ」の部分だけを表示してみます。
そのためには、図のように「!」を表示したい対象の「頭」に記述してください。

```
11
12    // outer frame and letter to ommit
13    !linear_extrude (height = 5) {
14      difference () {
15        // outer frame
16        scale ([1.0, 1.2, 1.0]) {
17          circle (r = 70);
18        }
19
20        // letter "B"
21        translate ([-50, -50, 0]) {
```

「!」マークを、文字とフチを描くオブジェクトの頭に入れる

98

6-5 modifier character

「!」マークで、文字とフチだけを表示

このように、本体部分をくり抜くためのパーツだけ表示できます。

次に、この「文字」「フチ」と「本体部分」の位置関係を調整しやすいように、「本体部分」だけ薄いグレーの透き通った状態で表示してみます。
先ほどの「!」を消してから、次の図のように本体部分を出力する箇所の行頭に「%」を記述してください。

```
1  $fa = 1;
2
3  // body
4  difference () {
5    // main body
6    %linear_extrude (height = 30) {
7      scale ([1.0, 1.2, 1.0]) {
8        circle (r = 75);
```

「%」マークを、本体を描くオブジェクトの行頭に入れる

すると、本体部分が透過表示になり、噛み合わせや大きさなどのすり合わせがしやすくなります。
必要に応じて、「translate」のパラメータなどを微調整してください。

「%」で本体を透過表示

第6章 2Dオブジェクト

なお、ここで「%」の代わりに「*」を使うと、非表示にもできます。

「*」で本体を非表示

最後に、取手部分をハイライト表示させてみます。
図のように、「#」を行頭に記述してください。

```
28  }
29  [
30  // handle
31  #translate ([0, 0, 50 + 5]) {
32    sphere (r = 50);
33  }
34
```

「#」マークを、取手を描くオブジェクトの行頭に入れる

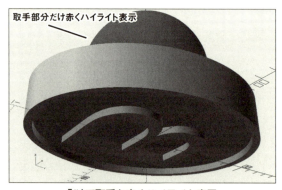

「#」で取手を赤くハイライト表示

取手部分が「少し透き通った赤いハイライト」表示になり、位置や形状が分かりやすくなります。

*

このように、一部分だけの確認や、部品と部品の位置関係の確認をする場合

6-5 modifier character

は、「modifier character」を使い分けると、「カット＆トライ」の造形が行ないやすくなります。

> ※「modifier character」を使いながら、スタンプをゼロから組み上げていく流れを、**サンプル・ムービー**で解説しています。

■薄皮のノイズについて

「difference」修飾命令を使って、立体のくり抜き加工を行う場合、くり抜く側、くり抜かれる側の「面」がぴったり一致していると、プレビュー・モードでは、「ノイズ」のようなものが表示されてしまいます。

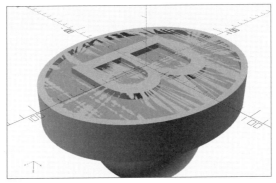

くり抜き時の"薄皮"のようなノイズの例

このノイズは、プレビュー時だけに現われるもので、「render」でコンパイルして生成される立体では表示されず、また、立体データにも影響しません。

> ※本書の図は、プログラムの微調整などでノイズが現われないように工夫していますが、立体データとしては特に悪影響はないので、ノイズが表示されても気にする必要はありません。

第7章
「OpenSCAD」と「関数型言語」

本章では、「関数型言語」と「一般的なプログラミング言語」の違いについて、少し踏み込んでいきます。
また、「制御構文」「関数」「モジュール」の使い方を理解し、より複雑な造形を行なう方法を解説します。

7-1 「関数型言語」を使った造型

■「時計の文字盤」を作る

この章では、「OpenSCAD」の「プログラミング言語」としての部分をもう少し掘り下げ、より複雑な立体として「時計の文字盤」を造形していきます。

「時計の文字盤」は、複数のパーツが幾何学的に配置された立体です。

「OpenSCAD」は、このような、幾何学的、規則的に配置した立体を作るのが得意な分野のひとつです。

「時計の文字盤」の完成イメージ

*

この章で取り扱う主なテーマは、
・関数型言語の基本
・制御構文(for文、if文)
・変数のスコープ
です。

■ 一般的な「プログラミング言語」との比較

これまで、「OpenSCAD」の、3D、2Dの各種オブジェクトを生成する命令を使って、簡単な立体をプログラミングで造形してきました。

7-1 「関数型言語」を使った造型

　しかし、ここまでのプログラムでは、「プログラム」的な印象はあまり濃くなかったと思います。

　一般的なプログラミング言語ではおなじみの、「変数」「繰り返し処理」「条件判断文」「関数/モジュール」などといった要素について、まだ触れていないためです。

　もちろん「OpenSCAD」でも、これらの要素を使うことができ、それによってもっと複雑な造形が可能になります。

　ただし、「OpenSCAD」は、「C言語」や「Java」「Ruby」のような、一般的な「手続き型言語」とは異なり、「関数型言語」という様式を採用しています。

　「関数型言語」は、「手続き型言語」とは多少違いがあり、「理解が少し難しい言語」「とっつきにくい言語」などと評されることもあります。

　しかし、「OpenSCAD」のプログラミング言語は、「立体のモデリングの機能」だけに特化しています。

　そのため、言語仕様として搭載されている機能も、覚える必要のある機能も、あまり多くはありません。

　また、「C言語系」の文法に、とても似ています。

　このため、「C言語」「Java」「PHP」「Perl」などの言語を扱ったことのある方にとっては、いくつかのポイントを押さえれば、あまり違和感なく使えると思います。

103

第**7**章 「OpenSCAD」と「関数型言語」

7-2 「関数型言語」とは

■ 関数型言語

ここから「**関数型言語**」を意識する部分が少しだけ出てきます。

特に、「変数と副作用」「動的/静的」「参照透過」といった概念は、一般的な「手続き型言語」と比べて、様相が少し異なります。

そのため、「関数型言語」は難解な部分が少なからずあるので、いきなりすべてを理解しようとすると、少し面食らうところがあると思います。

また、「OpenSCAD」を応用する上で、すべてを理解する必要もありません。

＊

さて、ここからの内容は、「立体の造型」とはあまり関係のない、少々退屈な話が続きます。

なので、まずは説明文を一度"ザーッ"と斜め読みし、各プログラムを実行して、動作結果を確認してみてください。

そして、どんな動作をするのか、どのようにプログラムが記述されているのかを眺めてから、改めて以下の説明を読み直せば、「関数型言語」の特徴が把握しやすいと思います。

＊

「関数型言語」がどんなものかについては、**附録PDF**でもう少し詳しく触れることにして、ここでは特に、造形のためのプログラミングで必要となってくる、「関数とモジュール」「変数と副作用」「動的/静的」について、噛み砕いていきます。

■「関数」と「モジュール」

「関数型言語」の関数は、「C言語」など一般的な言語で使われる「**関数**」と、見た目は似ています。

いくつかの処理をひとまとめにして、それに「名前」(関数名) を付けて、「パラメータ」(引数) を与えると、そのパラメータに基づいた処理を行なって、「戻り値」が返ってきます。

また、こうした機能が一種の「サブルーチン」としても利用されます。

＊

上記の点については、「関数型言語」も、一般的な「手続き型言語」も、大きな違いはありません。

104

7-2 「関数型言語」とは

「OpenSCAD」の場合、このような「サブルーチン」的な用途で、戻り値が必要な計算処理では「**関数**」を使い、戻り値がない場合には「**モジュール**」というものを使います。

「OpenSCAD」の「関数」や「モジュール」は、「C言語系の関数」と似ており、同じように記述すれば、たいていの場合、想像通りに動いてくれます。

■「関数」と「モジュール」の使用例

実際に、簡単な例を通して、「関数」や「モジュール」の動作を眺めてみましょう。

【関数とモジュールの例(module_sample.scad)】

```
// module sample
module sph_sample (R, X)
{
  translate ([X, 0, 0]) {
    difference () {
      difference () {
        sphere (r = R);
        sphere (r = R*0.9);
      }
      translate ([0, 0, R]) {
        cube (size = R*2, center = true);
      }
    }
  }
}

// function sample
function x_multi (X) = X * 10;

// main process
sph_sample (R = 10, X = 0);
sph_sample (R = 15, X = 25);
sph_sample (R = 25, X = 65);

sph_sample (R = 10, X = x_multi (X = 12));
```

実行すると、4つの「おわん型」が表示されます。

105

第7章 「OpenSCAD」と「関数型言語」

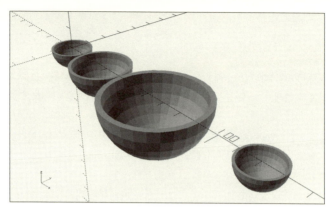

「関数」や「モジュール」を利用した実行結果

■「モジュール」の書式

　プログラム中に、「module」と「function」というキーワードが登場しますが、モジュールを定義するには「module」を使い、「関数」の定義には「function」を使います。

　「モジュール」は、

```
module モジュール名（パラメータ1, パラメータ2,…）{
    ****モジュールの処理内容****;
}
```

のように、「モジュール名」と「パラメータ名」を記述しておいて、そのモジュールの実体となる処理内容を、「中括弧」で囲って記述します。

　この例では、「sph_sample」という名前を付けたモジュールを定義しています。
　そのモジュールの定義の中に「cube」や「sphere」を使い、差(difference)を取って、「おわん」に加工する機能を組み込んで、1つの塊(モジュール)にまとめています。

　このモジュール「sph_sample」は、パラメータに「半径」(R)と「X座標」(X)を与えて呼び出すと、指定したX座標に半径Rの「おわん型」を生成します。

*

　このように、中括弧の内側に、各種「Action命令」や「修飾命令」、さらには「for文」や「if文」(以下で説明)を組み合わせて記述し、「module」キーワードで「モ

7-2 「関数型言語」とは

ジュール」として定義しています。

　すると、この「sph_sample」モジュールのように、モジュールで定義した処理部分は、これまでの「Action命令」と同様に扱えるようになります。

　つまり、一種の「部品」として利用できます。

> ※「モジュール」や「関数」は、「module」や「function」で定義しただけでは実行されません。
> 　「モジュール名」や「関数名」を使って呼び出すことで、実行（関数の場合は計算処理）されます。
> 　その際に、パラメータに与える「値」によって、処理の内容（関数は計算の内容）は異なる結果を得ることができます（このあたりも、普通の「手続き型言語」と同じです）。

■「関数」の書式

　「関数」の書式についても見ておきましょう。

*

　4つ目の「sph_sample」モジュールの呼び出し処理では、パラメータ内で「x_multi (12)」という具合に、「x_multi」という「関数」が使われています。

　このように「関数」を呼び出すと、計算式に基づいて計算処理が行なわれて、「戻り値」が返ってきます。

　このプログラムでは、この「戻り値」を使って、「おわん型」のx座標を求めています。

*

　「関数」は、

```
function 関数名（パラメータ1，パラメータ2，…） = 計算式；
```

のように記述します。

　渡されたパラメータを使って計算を行ない、その計算結果を「戻り値」として返します。

　ただし、「C言語」などの「関数」とは異なり、「関数本体」部分（「計算式」のところ）に記述できるのは「1個の計算式」だけなので、あまり複雑な処理は記述できません。

（後述する「三項演算子」を利用すると、もう少し複雑な計算処理を記述することが可能です）。

107

| 第7章 | 「OpenSCAD」と「関数型言語」 |

この例では、「x_multi」は、パラメータ「X」(大文字のX)を受け取って、それを10倍した値を「戻り値」として返す、という計算をしています。

パラメータに「X = 12」と指定して呼び出しているので、「12 × 10 = 120」が「戻り値」となり、X座標(= 120)のところに「おわん型」が置かれます。

7-3 「変数」と「パラメータ」

■「変数」とは

「変数とは何か」について、改めて触れます。

先ほどの「R」「r」「X」のようなものは「変数」と言い、一般的なプログラミング言語と同様に、「データを格納しておく箱」の役割をもっています。

各「変数」には、「X」などのように名前を付けて扱います。

データの「型」は明示する必要はなく、「数値」でも「文字列」でも「ベクトル」(**附録PDF**で解説)でも、特に区別する必要はありません。

■「関数」や「モジュール」の、パラメータの指定方法

「module」「function」宣言の「小括弧の中」で使われている「R」と「X」は、モジュールの「パラメータ」(引数)の定義を行なっています。

これらは、モジュール内部で使う「変数」を宣言しているだけでなく、呼び出す側(メイン処理側)からも「同じ名前」を使って、値を引き渡すことができます。

> ※「C言語」などでは、関数に複数のパラメータを渡す場合に、パラメータの「順序」が意味をもっており、順序を好き勝手に入れ替えることはできません。
> しかし、「OpenSCAD」では、パラメータ名を明示指定すると、順序を入れ替えても、正しく引渡しされます。

たとえば、この例では、呼び出し側から「R = 10」とか「X = 0」などと記述して呼び出すと、呼び出されるモジュール側では、「R」は「数値10」、「X」は「数値0」として参照する(受け取る)ことができます。

なお、呼び出す際に、これらのパラメータ名を省略して、「値」だけ書くこともできます。

ただし、その場合は、「module」「function」の宣言の中で、パラメータが定義されている順序どおりに列挙する必要があります。

*

108

7-3 「変数」と「パラメータ」

パラメータを省略する例を見てみましょう。

先ほどの「関数とモジュールの例」のプログラムで、メイン処理から呼び出す
パラメータ指定部分を以下のように省略しても、まったく同じ動作になります。

【モジュール呼び出しで「パラメータ名」を省略(module_sample2.scadの抜粋)】

```
// main process
sph_sample (10, 0);
sph_sample (15, 25);
sph_sample (25, 65);

sph_sample (10, x_multi (12));
```

補　足

　「linear_extrude」のところで、パラメータ名を省略できないことを説明しま
したが、この理由は、「古いOpenSCAD」と「最新のOpenSCAD」で、パラ
メータの指定順序が変更されているためです。
　今後のバージョンで仕様拡張が見込まれている「rotate_extrude」の「angle」
パラメータも、同じ理由で「パラメータ名」を省略できません。

■ パラメータの「デフォルト値」

　「OpenSCAD」の「関数」や「モジュール」は、定義の際に、**「デフォルト値」**(初
期値)を設定しておくことができます。

　この「デフォルト値」の設定方法やパラメータ指定の有無によって、モジュー
ルの動作を切り替える方法について説明します。

＊

　「デフォルト値」は、「関数」や「モジュール」を定義する「module文」や「function
文」の、パラメータを指定する小括弧内に、「代入文」の形で記述します。

　「関数」や「モジュール」を呼びだす際に、この「デフォルト値」が設定されてい
るパラメータは、「デフォルト値」が自動的に適用されます。

　例を見てみましょう。

【関数の引数に「デフォルト値」を設定する例(default_arguments.scad)】

```
/* standard function (no default values) */
function f1 (p1, p2)
  = p1 * 10 + p2;
```

109

第7章 「OpenSCAD」と「関数型言語」

```
echo ("f1 with arguments", f1(2, 3) );
echo ("f1 without arguments", f1() ); // "undef"
echo ("f1 swap arguments", f1(p2=3, p1=2) );


/* function with default values */
function f2 (p1=1, p2=1)
  = p1 * 10 + p2;

echo ("f2 with arguments", f2(2, 3) );
echo ("f2 without arguments", f2() );
echo ("f2 swap arguments", f2(p2=3, p1=2) );
```

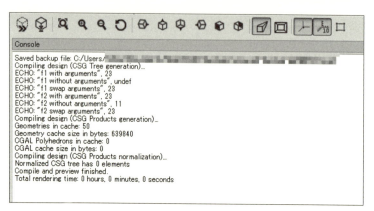

変数の表示結果(コンソール)

　このプログラムで使われている「echo」命令は、括弧内に指定したデータ(変数や定数など)の値を、「コンソール」に表示する「Action命令」です。
　複数の値を「カンマ」(,)で列挙すると、一度に複数の値を表示することもできます。
(「echo」は、造形には直接関係ありませんが、「動作確認」や「デバッグ」のために、プログラム中で使っている変数の中身を確認する際に利用します)。

*

　プログラムの前半に書かれている関数「f1」は引数の「デフォルト値」を設定していない例で、後半の関数「f2」は「デフォルト値」を設定している例です。
　両方の関数とも、計算式自体は同じですが、パラメータの初期値の有無が異なります。

　関数「f1」では、引数を指定せずに「f1」を呼び出すと、戻り値は「undef」(未定義)となります。

7-3 「変数」と「パラメータ」

関数「f2」は、引数のデフォルト値として「p1＝1、p2＝1」を設定しています。

その結果、引数を明示した場合は、その引数が採用されますが、指定していない場合は「デフォルト値」が採用されて、戻り値は「11」となります。

＊

実は、これまでに使ってきた各命令（「OpenSCAD」にあらかじめ組み込まれている命令）でも、このような「デフォルト値」が設定されているものがたくさんあります。

たとえば、「cube」の「center＝true」を省略した場合、「center」のデフォルト値である「false」が採用される、といった具合です。

> ※「true」や「false」は、「boolean型」の定数、「undef」は未定義を表す定数です。これらを含め、データ型や定数、特殊なデータ型については、**附録PDF** を参照してください。

「デフォルト値」が設定されていない場合、そのパラメータを明示的に指定しないと、コンパイル時に「undef」（未定義）が表示されたり、「関数」や「モジュール」によっては、もう少し分かりやすいエラーメッセージが表示されたりします。

■ パラメータによる「処理の振り分け」について

逆に、この「undef」を上手く利用することで、モジュールや関数の「デフォルト値」の指定方法を、柔軟に行なうことも可能になります。

＊

たとえば、「円柱」を生成する「Action命令」の「cylinder」のように、上下2つの半径に同じ値を指定する場合はパラメータ「r」を使い、異なる半径を指定する場合は「r1」「r2」を使って指定するというモジュールについて考えてみましょう。

「cylinder」命令の初期値「r」に「undef」を指定し、「r1」「r2」に「1」を、それぞれ指定しておくとします（内部では実際にこのように初期値が設定されているようです）。

そして、実際に呼び出されるときに、変数「r」に何らかの引数が指定されている（上書きされて「undef」ではなくなった）場合には「r」を使って「円柱」を出力し、「r」が「undef」のままであれば「r1」「r2」を使って「円錐型」を出力する、といったように、条件によって出力する形状を切り替えることが可能になります。

（なお、このような「条件判定処理」は、後述の「if文」を用います）。

111

第7章 「OpenSCAD」と「関数型言語」

■「変数」と「参照透過」

　さて、ここまでの使い方を眺めると、「OpenSCAD」の「関数型言語」というものは、一般的なプログラミング言語（手続き型言語）とは、それほど大きくは異なっていないように見えます。

　異なるのは、モジュールの処理内部など、「一連の処理ブロック（スコープ）の内部」では、「変数の値は不変」という部分です。

　このあたりは少し分かりにくいところなので、ひとつずつ整理していきます。（「変数のスコープ」については、後ほど「if文」や「for文」のところで改めて詳しく説明します）。

＊

　「OpenSCAD」も、「C言語」など一般のプログラミング言語と同様に、データを格納するためには、「**変数**」を利用します。

　そして、その「変数」にいろいろな「値」を代入しておいて、「繰り返し処理」や「条件判断文」などと組み合わせることで、複雑な処理を行なうことができます。

　ただし、「関数型言語」では、この「変数」の使い方や働きが、少し異なります。

　「一般的なプログラミング言語」では、「プログラムが1行ずつ、順に解釈」されて、「時系列的に順々に実行」されます。そのため、変数に代入をすれば、代入処理の前後で「値が変化」します。

　たとえば、「i＝i＋1;」などとすれば、変数「i」の値が1増加します。こうした動作は、C言語などでは「for文」の「繰り返し回数の制御」などで用いられています。

　一方、「関数型言語」では、「変数」に代入しても、処理の途中で値は変化しません。変数の代入処理は、コンパイル時に行なわれます。

　そのため、そのモジュールの内部（正確にはスコープの内部）では、どの位置で参照しても、常に同じ値となります。

　また「i＝i＋1;」のような記述は、右辺の「i」は計算式中で参照できないため、エラーになります。

　「変数」なのに「変化しない」のは、言葉としてはちょっと妙なのですが、実際、「関数型言語」では、プログラムの実行中に、変数の値は変化しません。

＊

7-3 「変数」と「パラメータ」

では、実際にプログラムを動かして、「モジュール内の変数の値」を眺めてみることにしましょう。

次のプログラムを入力して、実行してみてください。

【モジュール内で代入された変数の値を表示(Referential_transparency.scad)】
```
module m1 (X) {
  i = X;
  echo ("i1 : ", i);
  i = X + 10;  // override
  echo ("i2 : ", i);
  echo ("");
}

echo ("X = 5");
m1 (X = 5);
echo ("X = 20");
m1 (X = 20);
```

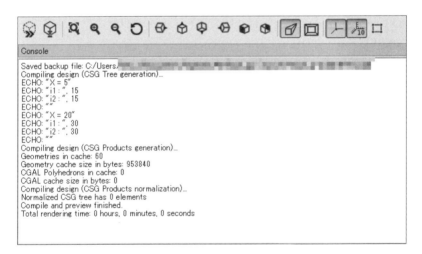

「モジュール」と「関数」の、「デフォルト値」による結果の違い

このプログラムを実行すると、コンソールに変数「i」の値が表示されます。

結果を眺めると、「モジュール」が呼び出されてから返るまでの間、変数「i」の値が変化せず、常に同じ値として扱われていることが分かります。
(このプログラムの場合、「X=5」で呼び出したときの「i」の値は両方とも「15」に、「X=20」のときは両方とも「30」になっています)。

| 第**7**章 | 「OpenSCAD」と「関数型言語」 |

　一方、このような処理を一般的な「手続き型言語」で行なうと、「X」が「5」のときには「5」と「15」が表示され、「X」が「20」のときには「20」と「30」が表示されます。

　「手続き型言語」では、モジュールの実行中にも、変数の値が次々更新されるからです。

＊

　「関数型言語」では、代入文は「コンパイル」の時点で完了しており、その値は、複数の代入文が存在する場合、そのスコープ内で「最後の代入文」の結果が有効になります。

> ※変数の値は、コンパイル時に、そのスコープ内で最後に代入された値が記憶されていて、実行時にはその値だけが適用、参照されます。
> 　逆に、実行時には、代入の処理は行なわれません。

　「OpenSCAD」も「関数型言語」の一種なので、同様の動きとなります。

　変数の値は、モジュール内部（正確にはスコープの範囲内）で最後に行なった代入の値で上書きされ、コンパイル時点でその値が採用されます。

　そして、実行時には、その「最後の値」を用いて処理が行なわれます。

　このように、「関数型言語」の変数は、1つのモジュール（スコープ）の内部では、その実行時に値が変化しない（最後に代入した値が有効）ということが特徴です。

　次の図では、「変数3」の値は代入処理が2回行なわれていますが、そのうち後から行なった代入の結果（「20」を代入）が有効となり、このモジュール内では、常に「20」が参照されます。

　また、パラメータで初期値を設定している「変数1」と「変数2」は、呼び出し時に「変数1」だけ上書きする指定になっているので、「変数1」は呼び出し側で設定された「5」が、「変数2」は初期値の「1」が参照されます。

　これらの3つの変数の値は、このモジュール内部では、常に同じ値として参照されます。

7-3 「変数」と「パラメータ」

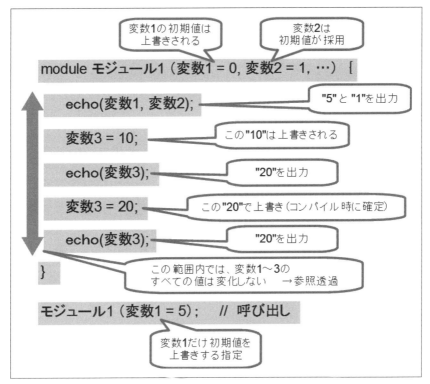

「OpenSCAD」の代入処理と透過参照

このように、実行時には「変数の値が不変」である特徴を、「**参照透過**」と呼びます。

あるスコープ内では、どのタイミングで変数を参照しても、同じように見通すことができるという意味です(本書では詳しくは触れません)。

■「変数」と「副作用」

「一般的なプログラミング言語」では、プログラムの内部状態(具体的には、その時々の「変数の値」)が時々刻々と変化しています。

そのため、「ある関数」(モジュール)について、同じ引数の値で呼び出しても、内部の状態によって結果は変わってきます。

このように、「内部状態」によって「関数」(モジュール)の実行結果が変わってしまうことを「**副作用**」と呼びます。

| 第7章 | 「OpenSCAD」と「関数型言語」 |

一般的な「手続き型言語」の「forループ」で使われる「カウンタ変数」は、その代表例です。

＊

一方、「関数型言語」では、コンパイル時に「変数の値」が確定し、このように「プログラムの内部状態がコロコロ変わる」ことを避けています。

内部状態が変化しないので、同じ引数で「関数」(モジュール)を呼び出せば、常に同じ結果が得られます。

「関数型言語」は、「副作用が生じない」のが大きな特徴です(本書では詳しくは触れません)。

■「副作用」は本当にないのか

厳密には、「ファイル入力処理」などの外部入力処理を行なう場合、入出力処理は「変数」を介して行なわれるために、少なからず外部から影響を受けてしまい、完全に「副作用」がないわけではありません。

設計思想の根底に「副作用を排除する」仕組みが盛り込まれているのが、「関数型言語」の特徴と言えるでしょう。

大規模な開発を行なう場合は、こうした「副作用が生じない」という関数型言語の特徴は、「バグ」を作りにくくなるという大きなメリットにつながりますが、そもそも「OpenSCAD」の場合、どちらかと言えば「動的/静的」ということのほうが、意味が大きいかもしれません。

「静的/動的」については後述しますが、その前に、「for文」について説明します。

116

7-4 「for」による繰り返し

7-4　「for」による繰り返し

「関数型言語」でも、「**繰り返し処理**」を行なうことができます。

「手続き型言語」の「カウンタ変数」に相当するものがない「関数型言語」で、どのように「繰り返し処理」が行なわれるのかについて見てみましょう。

■「for文」による繰り返し

「一般的なプログラミング言語」では、「**for文**」は「カウンタ変数」を介して、任意の回数繰り返して処理するといった使われ方をします。

その際、「ループ」を1周するごとに、変数には増分が加算されていきます。つまり、変数の値は実行中に「動的」に更新されます。

一方、「OpenSCAD」では、「繰り返し処理」に関する変数は、コンパイル時に確定していて、「静的」に実行されます。

「OpenSCAD」でも「for文」による繰り返しの表現は可能です。では、どのように実行されるのでしょうか。

【for文の書式】

```
for ( 変数 = 「イテレータもしくはベクトル」) {
    ＊＊＊＊繰り返し実行する処理＊＊＊＊;
}
```

「OpenSCAD」では、「for文」のような「繰り返し処理」では、その繰り返しの要素に「**イテレータ**」(反復子)や「**ベクトル**」が利用されます。

この「イテレータ」や「ベクトル」から要素を1個1個取り出して、変数(本書では便宜上、「カウンタ変数」と呼ぶことにします)に入れておいて、「繰り返し実行する処理」を行ないます。

＊

例を見てみましょう。

【「for文」による繰り返しの例(for_sample.scad)】

```
$fn = 30;

for (i1 = [1:2:9]) {
  translate ([i1*5, 0, 0]) {
    sphere (i1);
  }
}
```

117

第7章 「OpenSCAD」と「関数型言語」

```
for (i2 = [1:5]) {
  translate ([i2*10, 25, 0]) {
    sphere (i2);
  }
}

for (i3 = [1, 2, 4, 8]) {
  translate ([i3*5, 50, 0]) {
    cube (i3, center = true);
  }
}
```

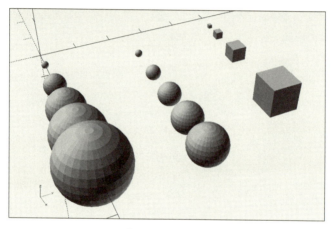

「for文」の実行例

　「for文」による「繰り返し処理」の記述方法を、3通り示しました。
　1個目と2個目の「for」ループは、「イテレータ」を使って「球」を出力し、残りの「forループ」では「ベクトル」を使って「立方体」を出力しています。

＊

　1つ目の「forループ」の「[1:2:9]」というのが、「イテレータ」です。
　これは、「1から数え始めて、2ずつ値を増やしながら、9に至るまでの、各数値の集まり」という意味です。
　この場合は、「1,3,5,7,9」という、5個の要素の「数値の集合」データを表わします。

　これらの値は、実行時に1個ずつ取り出されて、カウンタ変数「i1」に入れられて、中括弧内の処理が実行されます。
（この「イテレータ」は、「1,3,5,7,9」という5つの値を用いることが、コンパイル

時に確定されます）。

*

2つ目の「[1:5]」は増分を省略（増分＝1固定）した書き方で、「1から5まで」の5個の数値の集合という意味です。

*

3つ目は、イテレータの代わりに「[1,2,4,8]」という4つの要素をもった「ベクトル」を使っています。

この場合、左から順に値を1個ずつ取り出して、カウンタ変数「i3」に入れられます。

ベクトルの場合は、「初期値」「増分」のような概念ではなく、利用するデータをあらかじめすべて列挙するので、どのような数値の順序でもかまいません。

さらには、数値ではなく「文字列やベクトルを要素にもつベクトル」でも、「繰り返し処理」を行なうことができます。

*

そして、これらの「カウンタ変数」に入れられた値を使って、「for文」内部の処理が実行されます。

一見すると、一般的な「手続き型言語」と同じように「繰り返し処理」が実現でき、文法的にも似ています。

しかし、実際の内部動作は少し異なります。

「カウンタ変数」に増分を足しながら「ループを回していく」のではなく、「イテレータやベクトル」で示された「数値の集合」の要素それぞれに対して、「中括弧で囲った処理を実行する」という意味になっています。

■「for文」と「静的／動的」

なぜ、わざわざこのような仕組みを使うでしょうか。

一般的な「繰り返し処理」のように、「カウンタ変数」を増加（減少）する方法の場合、「ループ」1回ごとの処理は、時間の流れに沿って、順々に「直列的」に実行されます。

つまり、「動的に処理が行なわれる」と言えるでしょう。

*

それに対して、「OpenSCAD」（関数型言語）では、「イテレータ」から値を1個ずつ順に取り出して、「直列的」に実行してもいいですし、一度にすべて取り出

第7章 「OpenSCAD」と「関数型言語」

して「並列的」に実行してもかまいません。

> ※その際、「中括弧」で括られた「for文」内の「ループ処理本体部分」は、サブルーチン（モジュール）と同様に扱われます。
> そのため「中括弧」の内部で使われている変数の値は、それぞれコンパイル時に確定しています。

つまり、「繰り返し条件のカウンタ変数」（イテレータやベクトルから取り出した値）や、「ループ内部で使う変数」のすべてが、実行前にあらかじめ「値が確定」しており、「参照透過」なために実現可能になっています。

そのため、ループ処理は、順に「直列」に実行することも、一度に「並列」に処理することも、どちらも可能なわけです。

言い換えれば、動作に使う資源（変数など）の値も、動作結果も、あらかじめ「静的に確定している」と言えるでしょう。

*

実は、こうした「参照透過」であることは、最近の「マルチコアCPU」の性能を有効に利用することにもつながります。

「ループ」を順々に実行する必要がなく、複数のコアで同時に実行してもかまわないからです。

また「OpenSCAD」は、立体の造形結果という「状態」を記述するための言語なので、このような「関数型言語」とは、もともと相性が良いとも言えます。

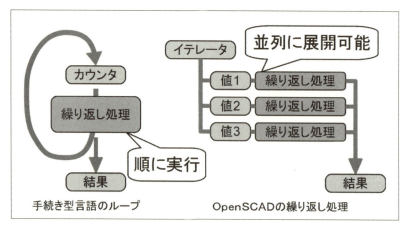

「ループ・カウンタ」と「イテレータ」による、「繰り返し処理」の違い

なお、「イテレータ」は、「OpenSCAD」に限らず、「Ruby」や「Python」といった言語の「for 文」でも利用されています。

＊

こうした「参照透過」や「副作用がない」という特徴は、バグの作り込みにくさや、実行時の処理効率の向上に大きく寄与するため、近年「Haskell」「OCaml」のような「関数型言語」が改めて脚光を浴び、大規模な新規開発などでも導入や利用が進んできています。

しかし、「OpenSCAD」の場合は、それほど大規模で複雑なプログラムを作ることは少ないと思います。

文法としての「for 文」の使い方や、「透過参照」「イテレータ」「変数のスコープ」といったあたりを理解しておけば、充分にプログラミングで利用できると思います。

7-5　スコープ

■「変数」と「スコープ」

「for 文」について説明したところで、改めて「**スコープ**」について解説します。

＊

「スコープ」というのは、「ある変数」を定義して、その値を「読み書きすることができる範囲」のことです。

「スコープ」の外からは、その変数を読み書きすることができません。

この「スコープ」を設定することによって、外部から変数が勝手に更新されたり、変数の値が外部に影響を与えたりするのを避けます。

そして、プログラムの各部分ごとに独立した機能に切り分けて、「独立した部品」化するのに寄与します（この点は、OpenSCAD も一般的なプログラミング言語と同様）。

「OpenSCAD」の場合、「スコープ」が新たに作られるのは、「module」や「for 文」、後述の「if 文」を使う際に、「中括弧を開いてから閉じるまで」の範囲です。

この「中括弧で囲んだ内部」で定義した変数は、その内部では参照できますが、外部から参照することはできません。

第7章 「OpenSCAD」と「関数型言語」

> ※なお、「関数型言語」では、変数の値はコンパイル時に確定しているので、この「スコープ」内部であっても、変数の値を「実行時に更新」(再代入)することはできません。

　もし、異なる「スコープ」で、同じ名前の変数を定義すると、それぞれ「別の変数」として扱われることになります。

> ※もう少し細かく言うと、異なるスコープで、同じ名前の変数名を定義すると、いったん別の新しいメモリが確保されて、そちらが参照可能になり、その「スコープ」から抜ける際に、新しいほうのメモリが開放(破棄)されることで、また元の変数が参照可能になります。

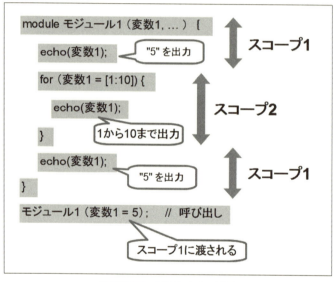

「変数スコープ」のイメージ図

　たとえば、「モジュール」の内部で変数「i」を定義して、さらにその「モジュール内」で「for文」を記述し、カウンタ変数「i」を定義したとします。
　すると、「for文」の中括弧内は、元のモジュールとは別の新しい「スコープ」となるので、これら2つの「i」は別物として扱われます。

　一方で、この新しい「スコープ」(「for文」の内部)で、同じ名前の変数が再定義されていなければ、新しい「スコープ」内でも、元の「スコープ」と同じ変数を参照できます(内部に引き継がれる)。

＊

7-5 スコープ

　なお、イテレータやベクトルの指定で、「定数」ではなく、イテレータやベクトルを格納した「変数」を指定し、その変数から値を1つ1つ取り出して、「繰り返し処理」を行なうこともできます。

　たとえば、「v = [1,2,3]」という具合に、まず変数「v」に3要素のベクトルを指定しておいて、「for(i = v) {……」といった具合に記述することもできます。
　この場合、一見、「i = v」という代入式のように見えますが、これは代入ではなく、変数「v」から値を1つ1つ取り出して、それぞれの値について、中括弧内の処理を行なう、という意味です。

　つまり、「for文」の小括弧の中は、代入文と同じような書き方をしていますが、その動作は「要素を1つ1つ取り出す」という異なるものなので、混同しないよう注意してください。

■「スコープ」の注意点

　ここで、「関数」や「モジュール」の引数について思い出してみましょう。

＊

　実は、「関数」や「モジュール」のパラメータを指定している「小括弧」内の代入文は、すでに「関数」や「モジュール」の「スコープ」範囲に組み込まれていると考えると、分かりやすいかと思います。

　つまり、「関数」や「モジュール」の呼び出し元側で、「パラメータ名」を略さずに「代入式」で値を設定している場合、呼び出される関数やモジュール側の「内部のスコープで記述された代入式」と同じ扱いとなります。

　また、呼び出される「関数」や「モジュール」側で、「初期値」を設定している場合、呼び出し元側で同じ変数名で値を渡したときは、渡された値でコンパイル時に初期値が上書きされることになる、と考えることができます。

　こうした動作は、「for文」の「カウンタ変数」や、「イテレータ」「ベクトル」を指定する「小括弧」でも同様です。
　「for文」は、中括弧で囲った内部に、「別のスコープ」を作って処理を行ないます。
　その際に、小括弧で囲われている部分の「カウンタ変数」は、この中括弧内部と同じ「スコープ」が適用されています。

123

第7章 「OpenSCAD」と「関数型言語」

補　足

　ただし、「モジュール/関数のスコープ」や「for文のスコープ」について、
ひとつ注意が必要なことがあります。

　それは、パラメータの代入式の「左辺」は、確かに「関数」や「モジュー
ル」側スコープの変数として扱われますが、「右辺」は呼び出し元側のスコー
プが適用されることです。
　つまり、「1つの代入式に、2つのスコープが混ざってしまっている」わけで
す。

*

　例を挙げます。
　呼び出し元（たとえば、メインルーチン側）で「半径」を表わす変数を「r」
と定義しておいて、その値を渡したい場合、当然「r」というパラメータ名を
使うことになります。
　一方、もしそれを受け取るモジュール側も、同じパラメータ名「r」という
名前で定義されていると、パラメータで指定する代入式は、「r＝r」という、
一見不思議な形になります。

　この場合の「左辺」は、呼び出される関数やモジュール側で使う変数「r」、
右辺の「r」は、呼び出し元側の変数「r」であり、物理的にはそれぞれ別物を
指しているわけです。

　このような記述自体は、文法上は問題ありません。

　実際、ネット上にあるサンプルのプログラムを眺めていると、パラメータ
指定で「x＝x」や、「r＝r」といった記述はしばしば登場します。
　これらは、ここで説明した意味なので、そのように解釈してください。

*

　また、先ほどの「for文」の繰り返しに使う「イテレータ」や「ベクトル」
についても、同様の注意点があります。

　「i = [1:10]」のように記述すると、「1」から「10」までの値が取り出される
ことが明確なので、解りやすいのですが、この「イテレータ」も「データ形
式の一種」なので、あらかじめ変数に格納しておくことができます。
　その変数を使って「for文」のループを行なう場合、たとえば次のようにな
ります。

124

7-5 スコープ

```
i = [1:10];
echo (i);
for (i = i) {
    echo (i);
}
```

妙に見えますが、これも正しいプログラムです。

　実行すると、「イテレータ」から「1」から「10」まで順に値が取り出されて、それが「for文」のカウンタ変数「i」に1個ずつ引き継がれ、結果、1から10までの値がコンソールに出力されます。
＊
もう少し細かく見て行きましょう。

　冒頭の「i = [1:10];」は、「イテレータ」を変数「i」に格納しています。
「for文」の小括弧内の代入文「i = i」の右辺は、この「イテレータ」を格納した「i」を指していて、ここから「イテレータ」の要素1個1個を取り出す、という意味です。
　一方、左辺は、「for」の中括弧内で使う「i」を指していて、内部の「echo」命令で参照されます。

　つまり、1行目で定義している「i」と、4行目の「echo」命令で参照している「i」は、まったくの別物（別々のスコープで定義された「i」）で、しかも、それらが「for文」の小括弧内部（3行目）で混在している、というわけです。
（灰色の「i」が「for文」内部のスコープ、色がついていない「i」が「for文の外のスコープ」）。

　ここはとてもややこしいところがあるのですが、こうした仕組みによって、「パラメータ名」を明示すると、順番を入れ替えてしまっても、モジュールや関数へのデータの引継ぎ方が、見た目通りに明らかにできるわけです。

　また実際、ネット上で公開されているサンプルのプログラムなどでも、こうした表記がたまに使われているので、そのときには、このような意味であると解釈してください。
（ただし、このように、「関数」「モジュール」「for文」で使う引数やカウンタ変数は、スコープの内部と外部で同じ名前を使用すると、混乱の元になります。呼び出し元と呼び出し先では、極力別の名前を付与するように心がけてください）。

第7章 「OpenSCAD」と「関数型言語」

■「スコープ」が作られない中括弧

C言語などでは、プログラムの途中で「中括弧」を使って、局所的な「スコープ」を作り出すことが可能です。

*

一方、「OpenSCAD」では、プログラム中で単に「中括弧」を開いて閉じるだけでは、新しい「スコープ」は作られません。

新しい「スコープ」が作られるのは、「モジュール」「for文」「if文」での中括弧や、「修飾命令」で複数の命令を括るような場合の中括弧の内部です。

（脈絡なく、ただ中括弧を開いて閉じるだけでは、新しいスコープは作られず、元のスコープのまま処理されます）。

■「スコープ」のサンプル

ここまでの「スコープ」に関する説明内容を元に、少し複雑なプログラム例を通して、「スコープ」の働きを眺めてみましょう。

【「for文」や「モジュール」による、「スコープ」と「変数」の値の変化(scope_sample1.scad)】

```
i = 10;  // root scope
j = 5;

module m_s3 (n) {  // s3
  echo ("scope s3-a",i,j); // overridden
  i = 20;
  echo ("scope s3-b",i,j);
}

// main process
echo ("root scope-a", i,j);
echo ();

for (i = [0: 3]) {  // s1
  echo ("scope s1-a", i,j);
  m_s3 (i);

  for (a = [1: 2]) {  // s2
    i = a;
    echo ("scope s2 loop", i,j);
  }
  echo ("scope s1-b", i,j);
  echo ();
}

echo ("root scope-b", i,j);

// not a new scope
```

7-5 スコープ

```
{
    z = 999;
}
echo ("z = ", z);  // no error
```

各「スコープ」で参照された変数の値

プログラム中で、変数「i」「j」「z」を使っています。

また、このプログラムには、4つの「スコープ」が存在します。
説明の便宜上、「root」「s1」「s2」「s3」と呼ぶことにします。

*

変数「j」は、プログラムの「root」スコープ(いちばん外側の「スコープ」)で1回
定義しているだけで、他には更新をしているところはありません。

このため、「j」はすべての「スコープ」で、最初に設定した値(常に5)が参照で
きます。

*

一方、変数「i」は、「root」スコープ、「for文」の内部(s1、s2)と、「モジュール」
の内部(s3)の、それぞれで定義されています。

第7章 「OpenSCAD」と「関数型言語」

　新しい「スコープ」にネスト（入れ子）するたびに、別物の「i」が作られて（メモリが割りあてられて）、新しいデータとして扱われます。

　またその際、外側の「スコープ」の変数「i」を勝手に参照（および更新）してしまうこともありません。

　そして、各「スコープ」を抜けて、元の「スコープ」に戻ると、元の「i」の値が再度参照できるようになっています。

　また、それぞれのスコープの中では、変数「i」「j」の値は常に不変（参照透過）になっています。

＊

　最後尾のところに出てくる変数「z」は、定義を中括弧で囲った内部で行なっていますが、これは「モジュール」や「if/for文」「修飾命令」に関わる中括弧ではないため、新しい「スコープ」は作られず、中括弧の外でも「z」が参照できているのが分かります。

＊

　「スコープ」の概念自体は、一般的なプログラミング言語に類似しているので、「だいたい他の言語と同じだな…」と思うでしょう。

　しかし、先述のとおり、「関数型言語」の場合、1つの「スコープ」内では、変数の値は常に同じ値（参照透過）になるという点と、「OpenSCAD」ではパラメータの引き渡し部分で2つの「スコープ」が混在しているという点で、大きく異なっているので、留意してください。

■「for文」の二重ループ

　「for文」は先ほどのプログラムのように、「for」の中括弧内に、さらに「for」を記述という具合に、ネストして多重化できます。

（ただし、ネストがあまり深くなると、プログラムが見づらくなることもあります）。

　「OpenSCAD」の「for文」は、次のように「カンマ」で複数のカウンタ変数を連ねることで、「多重ループ」を行なうことができます。

　見た目には、このほうがスッキリとします。

【「for文」の多重ループの書式の例(for_multi_loop.scad)】

```
for (y = [0:3], x = [0:2]) {
  echo (x,y);
}
```

7-6 「パンフルート」を作る

では、「モジュール」や「for文」「スコープの概念」などを利用した幾何学的な立体を作ってみましょう。

題材は、「パンフルート」(パンパイプ)にしてみます。

■「モジュール」や「for」を使って、「パンフルート」を作ろう

「パンフルート」というのは、南米アンデスの楽曲「コンドルは飛んでいく」の演奏などで使われている「管楽器」です。

鉛筆のキャップを口で吹いて"ピー"とか、ジュースの空き瓶を吹いて"ボー"とか鳴らす遊びは、みなさんも経験があると思います。

「パンフルート」は、このような感じで、口で吹いた空気の振動のうち、特定の音程だけ「共鳴」させて鳴らす、シンプルな原理の楽器です。

形状としては、「片側が閉じた筒型」のものが、「音階の数」だけ並んでいます。

*

ここで作る「パンフルート」は、あまり実用性を重視したものではありません。

しかし、シンプルで作りやすい形状で、さらに「for」や「module」の雛形として、いろいろな方面に応用が利きます。

ひとつのパターンとして捉えておいてください。

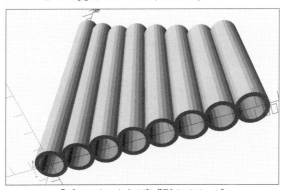

「パンフルート」の完成形のイメージ

| 第7章 | 「OpenSCAD」と「関数型言語」 |

■「パンフルート」の設計

　管楽器には、「リコーダー」のように両端が開いている「開管」のタイプと、片側が閉じている「閉管」のタイプがあります。

　「パンフルート」は、「閉管」タイプの楽器です。

　これらのタイプによって、「音の高さ」と「管の長さ」の関係に違いがあります。

　「閉管」タイプは、「開管」タイプにくらべて半分の長さで同じ音程を奏でることができます。つまり小型化でき、3Dプリンタでも出力可能なサイズに収められます。

　また、筒が並んだ形状なので、「for」による繰り返しや、「module」によるモジュール化の応用に向いています。

＊

　「パンフルート」の管の長さは、「奏でる音程」と「空気中の音速」を元に計算できます。

　具体的な計算方法は省略しますが、低いほうの「ド」(523.25Hz)の音を出す管の長さは、音速が340m/sの場合、「162.45mm」となります。

　「ド」から順番に、「ドレミファソラシド」にあたる管の長さを計算すると、次のようになります。

ド：162.45	レ：144.72	ミ：128.93	ファ：121.7
ソ：108.42	ラ：96.59	シ：86.05	ド ：81.22（単位は mm）

＊

　中空の「管」の形状は、「円柱」(cylinder)から、それよりもう少し細い「円柱」をくり抜くことで造形できます。

　その際、外側の円柱を「厚みぶん」だけ長くしておけば、片側が閉じた「閉管」にすることができます。

　ここでは、管の外径(直径)を「16mm」、厚みを「2mm」として、各管がお互い「2mm」ずつ(厚みと同じ量)結合した状態で、8本の管が連なったものを造形します。

　「2mm」ずつ重なっているので、管と管の間隔は「(16-2)＝14mm」となります。

130

7-6 「パンフルート」を作る

■「パンフルート」のプログラム

では、「パンフルート」を作るプログラムを見ていきましょう。

【「パンフルート」のプログラム(pan_flute.scad)】

```
/* pan flute */
/*           */

/* common data definition */

// length of notes
l = [162.45, 144.72, 128.93, 121.7,
     108.42, 96.59, 86.05, 81.22];
echo ("nunber of notes = ", len(l));

// thickness of cylinders
T = 2;
// outer radius of cylinders
R1 = 16 / 2;
// inner radius of cylinders
R2 = R1 - T;
// pitch between each cylinders
P = (R1 * 2) - T;


/* modules */

// create one cylinder
module one_cylinder (n, y) {
  L = l[n];
  translate ([n * P, y, 0]) {
    difference () {
      cylinder (h = L + T, r = R1);
      cylinder (h = L,     r = R2);
      echo ("cylinder length : ", L);
    }
  }
}


/* main part */

// cylinders
for (i = [0 : len(l)-1] ) {
  // main body
  one_cylinder (n = i, y = 0);
}
```

このプログラムを実行すると、次の図のような立体が出来上がります。

131

第7章 「OpenSCAD」と「関数型言語」

ただし、この図は説明のために、内部構造が分かりやすい「カットモデル」にしています。

カットモデルのプログラム (pan_flute_skelton_model.scad) は、別途、**サンプル・プログラム**に用意しています。

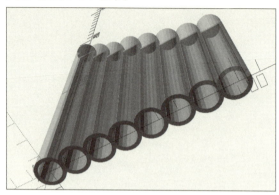

「パンフルート」の実行結果(カットモデル)

※このプログラムは、のちほど「ライブラリ」機能のところで再利用します。「pan_flute.scad」という名前を付けて、保存してください。

■ プログラムの解説

プログラムの前半は、このプログラムで共通的に使う「データ類」の定義を行なっています。

変数「l」は、8本ぶんの筒の長さを「ベクトル」でひとまとめにしたものです。

※「ベクトル」や「matrix」についての詳細は**附録PDF**で解説していますが、一般的なプログラム言語の「配列」に相当し、複数のデータを1個の変数名(タグ)でまとめて扱うことができます。

そのすぐ下の「echo」命令で、「**len(l)**」というものが出てきます。

これは、括弧内の変数「l」の「要素数を調べる関数」です。この場合、ベクトルの要素は8個なので、「8」という数値が得られます。

なお、「len」は、これ以外にも「文字列の文字数」を調べるときにも利用します。

※「OpenSCAD」には、「len」以外にもいろいろな「組み込み関数」があります。それらについては、**附録PDF**で解説しています。

変数「T」は筒の厚み、「R1」は筒の外径の半径、「R2」は筒の内径(穴)の半径、「P」は筒同士が並ぶ間隔を計算で求めています。

ここでは、筒の外径(直径)を「16mm」、厚みを「2mm」にしています。
設定の値を変えて、厚みと筒の外径を調整することも可能です。

> ※実は、これらの変数の定義は、順序を入れ替えてもまったく同じ実行結果
> が得られます。
> 　各変数は「参照透過」なので、変数の定義の順番に関係なく、スコープ内
> では同じ値を参照できるためです。
> 　ためしに、変数を定義している行を入れ替えるなどして、比べてみてください。

モジュール「one_cylinder」は、パラメータとして「何番目の管か」と「y座標」の値を受け取って、1本ぶんの管を造形し、配置するモジュールです。

なお、x座標は、管の順番を元に自動計算します。
y座標は、複数のパンフルートを出力したい場合、y座標をズラして、重ならないようにするためのものです(このy座標は、後ほど「ライブラリ入力機能」のところで利用します)。

ベクトル「l」の「n番目」の要素は、「l[n]」のように大括弧を使って参照することができます。
たとえば、「l[0]」で「162.45」(ドの音の長さ)が取り出せます。
このように、ベクトル要素から取り出した「n番目の筒の長さ」を元に、2個の「cylinder」(太いほう、細いほう)を作り、差分(difference)で中空の管にして、これらを上記で計算した間隔(14mm)で並ぶように配置します。

*

メイン処理部分では、「for文」を使って、「one_cylinder」モジュールを呼び出しています。

イテレータの中で指定している「len(l)-1」は「7」になるので、変数「i」に「0」から「7」までの8個の値が設定されて、8回ぶん「one_cylinder」モジュールを呼び出します。

このように、似た形状の立体が連続する場合、1個1個の固有の情報を「ベクトル」に格納しておいて、そのベクトルの要素数ぶんだけ「for」で繰り返すことで造形できます。

第7章 「OpenSCAD」と「関数型言語」

こうした処理方法は、いろいろなシーンでの応用が可能です。

> ※「module」は、このようにいくつかの機能や処理を組み合わせて、いわば新しい「Action命令」を作るときに使われます。
> 　一方、「Action命令」だけでなく、「children( )」という命令を利用することで、新しい「修飾命令」を作ることも可能です（「children」については**附録PDF**を参照）。

■「for」と「intersection_for」

似たような立体が連なった造形を作るときに、「for文」を利用する例について触れました。

この「for文」に似た命令に、「intersection_for」というのがあります。

「intersection_for」は、文法自体は「for文」とほぼ同じですが、繰り返し処理の内部で扱う「立体の組み合わせ方」が異なります。

「for文」では、立体を「union」で結合するように組み合わせますが、「intersection_for」の場合は、その名前のとおり、「intersection」のように共通部分を抜き出す組み合わせ方になります。

＊

例を見てみましょう。

【「for」と「intersection_for」の比較(intersection_for_test1.scad)】

```
$fn = 100;

n = 3;
r = 10;

translate ([-30, 0, 0]) {
  for (i = [0 : n-1]) {
    a = i * (360 / n);
    translate ([r * cos(a), r * sin(a), 0]) {
      sphere (20);
    }
  }
}

translate ([30, 0, 0]) {
  intersection_for (i = [0 : n-1]) {
    a = i * (360 / n);
```

134

7-6 「パンフルート」を作る

```
    translate ([r * cos(a), r * sin(a), 0]) {
      sphere (20);
    }
  }
}
```

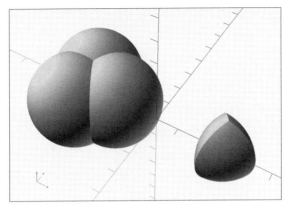

「for」(左)と「intersection_for」(右)の比較結果

　左側は「for」による繰り返しで「3つの球を合成」した結果で、右側が「intersection_for」による繰り返しで「共通部分」をくりぬいた結果です。「intersection_for」を使うと、生成される複数の立体の「共通部分」だけを、くり抜いた立体を造形できます。

■ 回転と角度の指定について

　「cos」や「sin」は、三角関数の「算術関数」です。「cos」や「sin」は、「円形」や「回転」といった、幾何学的な操作を扱うときによく利用されます。
　なお、「OpenSCAD」では、角度は「弧度法」(ラジアン)ではなく、「度」で指定します。

＊

　先ほどのプログラムの場合、360度を3つに割って、120度ずつ回転した位置に「translate」で配置する、という意味になっています。
　回転の半径を「r」、角度を「a」に代入すると、z軸を中心として、指定した角度のぶんだけ回転した場所に移動できます。

　この例のような「球」の場合は、「translate」と「cos/sin」の代わりに「rotate」で回転しても同じ結果になります。
　ただし、「cube」のように向きがある立体の場合は、「rotate」で回転すると、

第7章 「OpenSCAD」と「関数型言語」

位置だけでなく向きも回転してしまうため、「translate」と「cos/sin」を組み合わせた配置方法もしばしば用いられます。

ひとつの「パターン」として、覚えておいてください。

＊

これ以外にも「算術関数」はいろいろと用意されています。

また、「OpenSCAD」では「三角関数」を利用する機会が多いため、「三角関数」をあまり使い慣れていない人用に、簡単な「三角関数」の解説や利用例を、**附録PDF**に掲載しています。

7-7 条件判断文（if と三項演算子）

■「if文」による条件判断

「OpenSCAD」にも、一般的な言語と同様の「**if文**」があり、「**条件判断処理**」ができます。

ただし先述のとおり、「OpenSCAD」は「関数型言語」であることと、造形を行なうために用いられる言語という特徴から、「for文」に比べると、「if文」が登場する機会はあまり多くないかもしれません。

通常は、「for文」や「module」の内部で使われて、特定条件のときだけ、処理を振り分けるために使います。

【「if文」の書式】

```
if ( 条件式 ) {
    条件が満たされる場合に実行する処理 ;
} else {
    条件が満たされない場合に実行する処理 ;
}
```

「else」以降は、必要がなければ省略可能です。

また、「for文」と同様に、「if」文の中括弧内、「else」節の中括弧内では、それぞれ新しいスコープが作られます。

■「if文」の例

「if文」の例として、時計の時刻表示(単純なもの)を作ります。

「文字フォント」を使わず、「文字盤」に配置するオブジェクトの形や大きさで

136

7-7 条件判断文（if と三項演算子）

時刻を表現します。

「時計の文字盤」では、よく「0時」「3時」「6時」「9時」の4箇所が他の時刻より目立つように描かれます。

このような、特定の場所に特殊な処理を行なうために、「if文」を使います。

【「if」による条件分岐 (if_branch.scad)】

```
n = 12;
s1 = 7;
s2 = 5;
r = 50;

for (i = [0 : n-1]) {
  a = i * (360 / n);
  translate ([r * cos(a), r * sin(a), 0]) {
    if ((i % 3) == 0) {
      sphere (s1);
    } else {
      cube (s2, center = true);
    }
  }
}
```

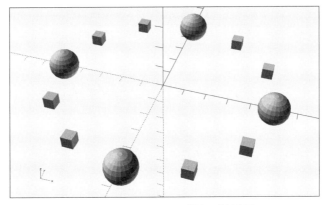

「if文」を使って表現した時計の時刻表示

冒頭で定義している、変数「n」は0～11時までの12個の時刻表示の個数、「s1」は球の半径、「s2」は立方体の辺の長さ、「r」は時刻表示のアイテムを配置する半径です。

「for文」で、0時から11時までループして、それぞれの時刻の位置に立体(球または立方体)を配置しています。

第7章 「OpenSCAD」と「関数型言語」

その際、「if文」を使って、「0時」「3時」「6時」「9時」なら少し大きめの球を、それ以外は小さな立方体を配置しています。

*

「%」の記号は「モジュロ」といい、割り算の「余り」を計算するときに使います。

ここでは、時刻が「3」で割り切れるかどうか(余りが0になるかどうか)を判断するために利用しています。

*

「if文」の小括弧の中には、判別の「**条件式**」を書きます。

上記プログラムでは、「iを3で割った余りが0か」という意味の「条件式」になっています。

条件を満たしている場合は、その直後の「sphere」が、満たしていない場合は、「else」の後ろに書かれている「cube」が実行されます。

条件式には、一般的なプログラミング言語と同様に、以下の「比較演算子」が使えます。

比較演算子

演算子	概　要
<	左側が右側より小さい(less than)
<=	左側が右側より小さいか等しい(less equal)
==	左右が等しい(equal)
!=	左右が等しくない(not equal)
>=	左側が右側より大きいか等しい(greater equal)
>	左側が右側より大きい(greater than)

この条件式は、複数の条件をまとめて記述することもでき、その場合「&&」「||」「!」の記号を使います。

こちらも、次のように一般的なプログラミング言語と同じ意味をもちます。

複数条件をまとめる演算子

演算子	概　要
&&	〜〜かつ〜〜
||	〜〜もしくは〜〜
!	〜ではない

条件の優先度は、「小括弧」で囲って表わします。

たとえば、「aとbが等しくて、かつcとdが等しくない」という場合は、条件式に「((a == b) && (c != d))」のように記述します。

なお、「if文」はネストする(if文の中でif文を使う)こともできます。

■ 三項演算子の「?」記号

「if文」のように「条件判断」を行なう処理として、「**三項演算子**」というものがあります。

「OpenSCAD」の「関数」(function)は、計算式を記述して、その計算結果を戻り値として返す機能です。

しかし、それだけでは単純な計算式しか記述することができません。

そこで、計算式の中で「三項演算子」を利用すると、条件によって計算式を切り替えることができるようになり、複雑な計算が可能になります。

「三項演算子」は、次のように「?」マークを使い、左側に「条件式」を、右側には「式1」「式2」の2つの計算式を記述します。

左側の「条件式」が満たされたら「式1」が、満たされていない場合は「式2」の値が採用されます。

条件式には、「if文」の条件式と同じものが使えます。

【「三項演算子」の書式】

```
(条件式) ? 式1 : 式2
```

「三項演算子」を使った式は、条件に合わせて「値」を返すという一種の計算式なので、関数の戻り値だけでなく、普通の計算式の中でも利用が可能です。

*

では、先ほどの「時計の文字盤」を、さらに単純化したものを作ってみます。

「0時」「3時」「6時」「9時」では半径「8」で、それ以外は半径「4」で球を配置します。

「sphere」のパラメータ内で、「三項演算子」を使って、半径の計算(判断)を行なっています。

第7章 「OpenSCAD」と「関数型言語」

【「三項演算子」を使った時計の文字盤(ternary_operator.scad)】

```
n = 12;
r = 50;

for (i = [0 : n-1]) {
  a = i * (360 / n);
  translate ([r * cos(a), r * sin(a), 0]) {
    sphere ( ((i % 3) == 0) ? 8 : 4);
  }
}
```

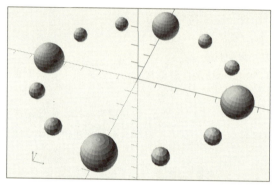

「三項演算子」で「sphere」の半径を指定した例

　また「三項演算子」の場合も、ネストする(式の中にさらに「三項演算子」を入れる)ことが可能です。
　この「三項演算子」を「関数」と組み合わせると、複雑な条件を組み合わせて関数の計算ができるようになります。

7-8 「時計の文字盤」を作る

「モジュール」「関数」や「制御構文」(ifやfor)の使い方について一通り触れたので、これらを利用して、もう少し複雑な「時計の文字盤」を作ってみましょう。

市販の「時計用ムーブメント」(文字盤や針などを除いた、時計のモータ本体部分)と組み合わせて、実際に掛け時計として利用できるような立体にしていきます。

■「時計の文字盤」の概要

文字盤は「円形」、サイズは目覚まし時計程度となる「直径15cm」ほどにしておきます。

また、文字盤の中央には穴を空けておき、市販の時計用ムーブメントを組み合わせれば、実際に時計として利用可能な形状にします。

■ 文字部分

文字盤のサイズに合うように調整した文字サイズで、「1～12時」の時刻を浮き彫りで配置します。

■ その他の要件

1分(1秒)単位で、1周60個ぶんの「インジケータ」(目印)を配置します。また、5分(5秒)ごとに「太い印」を入れます。

さらに、プレビュー時に、「文字盤」の板と、「文字」や「インジケータ」が見分けやすいように、それぞれの色を分けて表示します。

■ 時計の文字盤のプログラム

では、プログラムのほうを見ていきましょう。

【時計の文字盤のプログラム(clock_face.scad)】

```
/* dividing number */
n1 = 60;
n2 = 12;
/* radials */
r1 = 150 / 2;
r2 = 110 / 2;
r3 = 10 / 2;
```

第7章 「OpenSCAD」と「関数型言語」

```
/* thickness */
t = 2;

/* clock face board */
color ("LightCyan") {
  difference () {
    /* board */
    cylinder (h = t, r = r1, center = true);
    /* center hole */
    cylinder (h = t, r = r3, center = true);
  }
}

/* numerals */
color ("DeepSkyBlue") {
  for (i = [0 : n2-1]) {
    deg = 90 - i * (360 / n2);
    x = r2 * cos(deg) - 5;
    y = r2 * sin(deg) - 7;
    translate ([x, y, t]) {
      linear_extrude (height = 2, center = true) {
        if (i == 0) {
          text (text = "12", size = 12);
        } else {
          text (text = str(i), size = 12);
        }
      }
    }
  }
}

/* indicator marks */
color ("DeepSkyBlue") {
  for (i = [0 : n1-1]) {
    deg = i * (360 / n1);
    rotate (a = deg, v = [0, 0, 1]) {
      translate ([0, r1 - 5, t]) {
        if ((i % 5) == 0) {
          cube ([2, 10, t], center = true);
        } else {
          cube ([1, 5, t], center = true);
        }
      }
    }
  }
}
```

7-8 「時計の文字盤」を作る

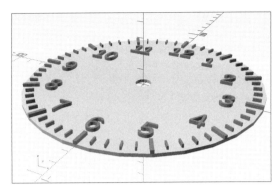

「時計の文字盤」の表示結果

■ 各部の補足

●文字盤本体

「cylinder」で、薄い円盤と中央の穴を作り、その差分を取っています。

市販の時計のムーブメントは、中央の穴の直径が「10mm」のものや「8mm」のものなどがあり、ここでは比較的多く使われている「10mm」(半径5mm)としました。

特に目新しい造形方法は使っていませんが、プレビュー時に色を付けて見やすくするために、「color」で色を指定しています。

●数値部分

これまでの応用で、「text」と「linear_extrude」を使い、立体の文字表示にしています。「**str(i)**」というのは、数値「i」を「文字列」に変換する関数です(**附録PDF**の組み込み関数の一覧を参照)。

x座標、y座標の計算の際、「cos」「sin」関数を使って立体の「回転」を行なう方法はすでに触れました。

しかし、ここでは「角度」の指定部分が、少し複雑な計算式になっているのが分かると思います。

「cos」「sin」関数は、角度が「0度」のときには「3時の方向」(x軸方向=右方向)の位置になり、角度が増加するに従って反時計回りに回転していきます。そのため、補正する必要があるからです。

143

第7章 「OpenSCAD」と「関数型言語」

(このような回転方向なのは、xy平面の座標系が、数学の座標系と一緒のため。なお、「rotate」命令も同様です)。

　「12時から時計回り」となるように回転させるには、「90度」(12時の位置＝y軸方向)から、回転させたい角度を引き算します。

　たとえば、1時なら「90度－30度＝60度」、9時なら「90度－270度＝－180度」といった具合です。

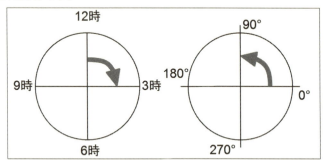

「時計の回転方向」と「cos/sinによる角度指定」の違い

　その他、計算式中の「－5」や「－7」は、文字の大きさを加味して、目分量で位置を調整した結果の数値です。

　「text」による描画は、「center＝true」で原点中心の配置ができないため、ここではこのように調整しています。

●インジケータ

　「分」や「秒」を表示する「インジケータ」も、これまでの応用です。

　ただし、回転には「cos」「sin」ではなく、「rotate」を使うことで、すべての「インジケータ」が中心から放射状になるようにしています(次ページ図参照)。

　「インジケータ」を、いったん「translate」で円周の5mm内側まで移動してから、その後「rotate」を使い、z軸を中心に回転することで、それぞれの「分」(秒)にあたる位置に配置しています。

7-9 「エラー」や「警告表示」の場合の対応

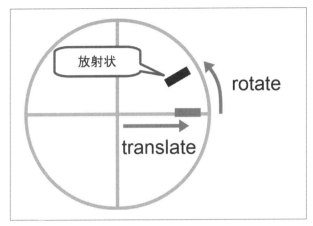

「インジケータ」の配置と向きについて

　実は、この「インジケータ」も、当然「3時」の位置から反時計回りに配置されているのですが、「文字フォント」とは異なり、回転方向や開始位置は考慮不要なので、補正計算はしていません。

　また、数字部分の表示は、目分量で調整しているのですが、1桁の時刻と2桁の時刻で横幅が大きく異なるため、10時～12時では少し横にズレて見えます。このあたりは、適宜調整してみてください。

7-9 「エラー」や「警告表示」の場合の対応

■「エラー」「警告の表示」について

　プログラムに間違いがある場合、立体が意図したとおりに生成されなかったり、エラーメッセージが表示されることがあります。
　こうしたバグは、特にプログラムが長く複雑になってくると、よく見る光景です。

　特によく表示されるのは、「**文法の間違い**」(syntax error)と「**警告**」(Warning)です。

＊

　「syntax error」が出た場合は、文法に誤りがあると認識された「行番号」が同時に表示されます。
　その場合、プログラムリストの該当行や、その前後の行を眺めると、文法的

145

第**7**章 「OpenSCAD」と「関数型言語」

な誤りが見つかるはずです。

　このあたりは、一般的なプログラム言語と変わらないので、特筆することはないでしょう。
　入力内容に書き間違いがないか、確認してください。
　文字の打ち間違い、括弧の数が合っていないなどが、比較的よくあるエラー原因になります。

＊

　「Warning」は、モジュールを呼び出す際のパラメータ指定で、モジュールの定義側で定義されていない「引数」や、定義されていない「変数」を使っている場合に表示されます。
　その際、警告の原因となっている「行番号」は表示されません（執筆時のバージョンの場合）。

　この場合は、どの「キーワード」で警告が発せられているのかがコンソールに表示されているので、そのキーワードでプログラムを検索（ファイルメニューの「Edit→Find」）してみると、原因を見つけやすいと思います。

■ エラーや警告が表示されない場合の対応

　一方、エラーは表示されないけれど、出力された立体が意図したものではなかったということもあるでしょう。
　その場合は、前の章で触れた「modifier character」を利用します。

　部品1個1個の造形や、部品同士の組み合わせ方（ツリーの階層ごとの組み合わせ方）を、1つ1つ、ていねいに確認していくことで、意図しない造形の原因が見つけられると思います。

　「修飾命令」にセミコロンを付けてしまい、意図通りに修飾されない、などの場合も、「modifier character」を利用することで、突き止めていくことができます。

＊

　また、「括弧」（小括弧、中括弧、大括弧）は、エディタの編集機能（QScintillaのユーザー補助機能）によって、見合う括弧がハイライト表示されるので、過不足がないか、括弧を書く位置が間違えていないか、といったことを効率的に確認できます。

146

7-9 「エラー」や「警告表示」の場合の対応

　ただし、この括弧の確認機能は、過不足をチェックするにはとても便利ですが、文法上の意味までは考慮されていません。

　本来、座標を「ベクトル」で指定するケースで、「大括弧」を忘れて、単に3つの数値を「カンマ」区切りで指定してしまうと、文法的には問題なくても、意図しないおかしな動作になってしまいます。

　たとえば、「polygon」などのパラメータで、座標を「大括弧」で括るのを忘れるなどは、気づきにくい間違いとして注意が必要です。

＊

　そのほか、特に注意したい点として、「割り算」での「**無限大**」値や、算術結果の「**値無し**」を挙げておきます。

　たとえば、「0で割り算」を行なうと、電卓などでは「エラー」が表示されます。

　しかし、「OpenSCAD」の場合は、エラーも警告も出力されず、割り算の結果が「inf」(無限大)となります。

　また、「無限大の平方根」には、解がないので「NaN」(値無し)になります。
(「OpenSCAD」は、内部がC言語系で実装されており、こうした特殊な値もC言語系に準じます)。

　このような値を扱う場合、現在の「OpenSCAD」では、エラーも警告も出さず、意図しない処理結果になることがあります。

　これらの点については、改修とテストが行なわれているようなので、今後のバージョンでは改善されていくものと思います。

＊

　「OpenSCAD」のデバッグ機能については、C言語やJava用の「統合開発環境」(EclipseやVisual Studioなど)で使われているような、「ステップ実行などができるシミュレータ」といった便利なものは、残念ながらありません。

　しかし、「立体を造形する」目的に限定された言語なので、エラーが出るシチュエーションもかなり限られます。

　上記のことを意識しておくことで、トラブルの原因究明と解決に役立つと思います。

147

第8章

ファイル入出力機能

「OpenSCAD」のファイル入出力機能には、大きく分けて、❶「データ搬出機能」（3D、2Dデータを出力）、❷「外部データ入力機能」（3D、2Dオブジェクトを外部データとして入力）、❸「ライブラリ入力機能」（外部プログラムを部品として読み込んで使用）——の3種類があります。
それぞれの機能の、使い方を見ていきましょう。

8-1　データ搬出機能（export）

■出力できるデータの種類

「OpenSCAD」で整形した立体は、「export」機能を使うと、3Dプリンタなどで使う各種3D形式データの出力や、立体をxy平面に投影した「2D図形」、xy平面でスライスした断面の2D図形、レンダリング結果のGUI表示の画面を、ファイルに出力できます。

保存できるファイルフォーマットは、「.STL」「.OFF」「.AMF」「.DXF」「.SVG」「.CSG」「.PNG」です。
これらのうち、「.DXF」「.SVG」「.PNG」は2Dデータで、それ以外は3Dデータになります。

*

「File→Export」と辿ると、これらのファイル形式の選択がリスト表示されます。出力したいフィル形式を選択して、名前をつけて保存します。

なお、これらの3Dや2Dのファイルを出力するには、「プレビュー」状態ではなく、「レンダリング」（コンパイル）をしておく必要があります。
ファイルを出力する前に、①F6キー、②レンダリングのアイコン、③「Design→Render」——のいずれかの方法で、レンダリングしておいてください。

※各種データ形式の特徴や用途については、**附録PDF**でも説明しています。

8-1 データ搬出機能（export）

■「3Dデータ」の出力

「3Dデータ」のうち、恐らくいちばん頻度の多い、「.STL」による3Dデータの出力を見てみましょう（他の立体形式も、操作方法はほぼ同じです）。

ここでは、すでに作成ずみの「tee up」の3Dオブジェクトを例に取り上げます。

*

まず、「tee up」を生成するプログラム（tee_up.scad）を読み込んでおいてください。

その後、先述した方法でコンパイル処理を行なうと、3Dデータが出力可能になります。

コンパイルが終わったら、ファイルメニューの「File→Expoprt」から「Export as STL」をクリックしてください。

これでファイル保存用のダイアログが表示されるので、名前を付けて保存します。

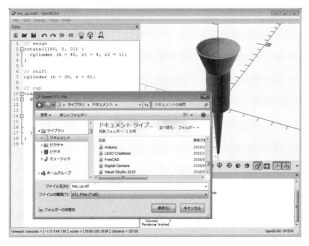

「.STL」形式で3Dデータを保存（「tee up」を「.STL」形式で出力）

> ※コンパイルせずに「Export」しようとすると、「WARNING: Nothing to export! Try building first (press F6).」という警告メッセージが表示されます。

出力した「.STL」ファイルは、「3D-CGソフト」や「3Dプリンタ用ソフト」などで利用できます。

149

第**8**章	**ファイル入出力機能**

当然ながら、「特殊変数」(「\$fa」など)で表面の滑らかさを指定しておくと、「.STL」ファイルがもつポリゴンの滑らかさも、それに合わせて出力されます。

必要に応じて、「特殊変数の調整」や「コンパイル」をしてから、出力してください。

> ※この「tee_up.STL」ファイルは、後ほど「ファイルの読み込み(import)」機能のところで利用します。ソースプログラムと同じフォルダに保存しておいてください。

⊘ 注意

> 「保存先フォルダ」は、パス名に「全角文字」が含まれていると、エラーメッセージが出て、ファイルが保存されません。
>
> 「全角文字」が含まれていないパスのフォルダを保存先に指定して、保存してください。
>
> うまく保存できなかった場合は、コンソールに「No filename specified. Image export aborted.」というエラーが表示されますが、メッセージが目立ちにくく、「保存操作したはずなのに、ファイルが見当たらない…」となるので、注意しましょう。
>
> (OpenSCADに限らず、海外ソフトの場合、パス名に「全角文字」が含まれていると、うまく動かないことがあります)。

■「.PNG」による2Dデータの出力

「ビューイング・エリア」に表示されている立体画像は、「.PNG」形式で、2D画像として保存できます。

*

まず、「ビューイング・エリア」をマウスで操作して、図形の構図(視線の角度や位置)を調整してください。

ファイルメニューの「File→Export」から「Export as Image」をクリックすると、ファイル保存のダイアログが表示されるので、名前を付けて保存します。

150

8-1 データ搬出機能（export）

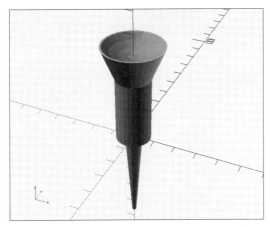

保存された「.PNG」ファイルの例（ティーアップ）

　「ビューイング・エリア」の表示内容が、そのまま「.PNG」形式のビットマップデータとして保存されます。
　そのため、「プレビュー(F5)」「レンダリング(F6)」のどちらでも、出力が可能です。

＊

　なお、「プレビュー」の場合は、「modifier character」で半透明にしたプレビュー結果や、座標軸の有無、サブウィンドウのサイズなども、それぞれの表現どおりに保存されます。

■「2Dベクトル・データ」とは

　「.JPEG」や「.BMP」のような「ビットマップピクチャ・データ」は、拡大すると、ドットのギザギザが目立つようになりますが、「ベクトル・データ」は、拡大してもギザギザが現われない画像データの形式です（TTFフォントも「ベクトル・データ」の一種です）。

　「OpenSCAD」で出力できる「.DXF」（Data Exchange Format）、「.SVG」（Scalable Vector Graphic）は、ともに2Dの「ベクトル・データ」として図形を表現します。
　これらのファイルは、CADソフトなどで共通的に使われている汎用のフォーマットで、変換ツールを使うと相互変換もできます。
　レーザー光で板や紙などをカット加工する「レーザー・カッタ」でも、「.DXF」や「.SVG」形式のファイルが標準のフォーマットとして用いられています。

151

第8章 ファイル入出力機能

なお、「.DXF」は、後述の「import」命令を使って、「2Dオブジェクト」として読み込んで利用することもできます。

■「2Dオブジェクト」と「projection」命令

「projection」命令は、「3Dオブジェクト」をxy平面に投影したり、xy平面で立体をスライスした断面の図形を、「2Dオブジェクト」として生成したりできます(製図での、「平面図」に相当)。

この「projection」命令自体は、ファイル出力のための機能ではありません。
「.DXF」「.SVG」形式で出力するための、断面や投影図(2Dオブジェクト)を生成する「Action命令」です。

> ※「projection」命令で出力されるのは、2Dオブジェクトの一種です。
>   そのため、「linear_extrude」などを組み合わせると、さらに立体化することも可能です。

■「.DXF」による2Dオブジェクトの出力

「projection命令」を使って、立体の投影図を「.DXF」「.SVG」形式のファイルで保存できる「2Dオブジェクト」に変換してみましょう。

なお、ここでは「.DXF」ファイルを出力しますが、「.SVG」の手順も同様です。

*

サンプルとして以下のプログラムを利用してみます。

【「projection」命令を使って2D図形をxy平面に投影(projection.scad)】

```
projection (cut = false) {
  difference () {
    union () {
      cube ([20,20,5]);
      translate ([20,20,0]) {
        cylinder (h = 5, r =  20);
      }
    }
    linear_extrude (height = 5) {
      translate ([5,10,0]) {
        text (text = "abc", size = 15);
      }
    }
  }

  translate ([-15,-15,5]) {
    cube ([20,20,20]);
```

152

```
    }
}
```

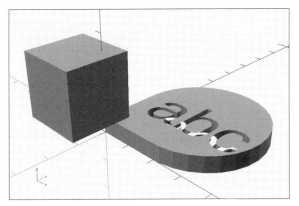

「projection」を行なう前の立体(立方体は空中に浮いている)

「projection」でxy平面に投影された2D図形

　このプログラムでは、「円柱」「直方体」「text文字」、および「xy平面から少し浮かせて配置した立方体」を生成し、これらを「projection」命令で、2D図形としてxy平面に投影しています。

| 第8章 | ファイル入出力機能 |

■「projection」命令の書式

「projection」命令は、次のように使います。

【「projection」命令の書式】

```
projection (cut = false) {
        ****オブジェクト類****;
}
```

先ほどのプログラムでは、「projection」命令の引数として「cut = false」を指定しています。

この場合、空中に浮いた形の立方体も、xy平面上に投影されて、2D図形の出力対象になります。

*

一方、「cut = true」を指定すると、xy平面での「断面図」だけが対象となります。

このプログラムの場合、空中に浮いた立方体(xy平面に接していない)部分は、2D図形の出力対象に含まれません。

■2Dオブジェクトのファイル保存

「projection」で生成した「2Dオブジェクト」や、xy平面に配置した各種「2Dオブジェクト」は、「.DXF」や「.SVG」形式の2Dデータとして保存することができます。

「2Dオブジェクト」を描画し、配置したあとにコンパイルすると、これらの2Dデータの出力が可能になります。

また、ファイルメニューの「File→Export」から「Export as DXF」や「Export as SVG」を選択すると、xy平面に描画された「2Dオブジェクト」の図形が保存されます。

「.DXF」や「.SVG」は、各種グラフィック用ソフトで開くことができます。

また、レーザーカッタの入力ファイルには、「.DXF」を利用するものが多く、そのデータとして利用が可能です。

154

8-1 データ搬出機能（export）

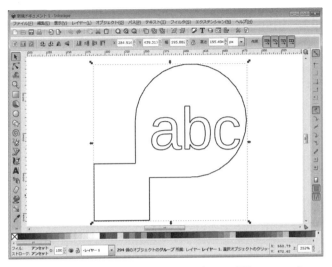

「DXF」ファイルを外部プログラムで利用する例（inkscape）

補足

「OpenSCAD」の「Export」で出力できるのは「3Dオブジェクト」、または「2Dオブジェクト」です（混在は不可）。

これらは、すでに触れたとおり、コンパイルをしてから出力します。

「3Dオブジェクト」は、まさに3D空間中に配置した立体データを、「.STL」など「3Dデータ」の形式で出力します。

一方、「2Dオブジェクト」の場合、xy平面上に配置されたものが、「.DXF」や「.SVG」の形式で出力できます。

その際に、もともと「xy平面上に配置されている2Dオブジェクト」は、当然、そのまま出力対象となります。

しかし、「xy平面上に置かれていない2Dオブジェクト」については、注意が必要です。

*

xy平面と平行な図形は、そのままの形状で（平行移動して）xy平面に投影されます。

xy平面に対して「角度をもった図形」の場合、3Dオブジェクトに「projection命令」を適用したときと同様に、「xy平面に投影された図形の2Dオブジェクト」となります。

155

第8章 ファイル入出力機能

たとえば、「circle命令」で「円」を描いて、y軸を中心に60度回転させてから、「F6」でコンパイルすると、次の図の右側のように、x軸方向に縮んだ「楕円形」の2Dオブジェクトがxy平面に投影されます。
そして、それがファイル出力の対象の2Dオブジェクトになります。

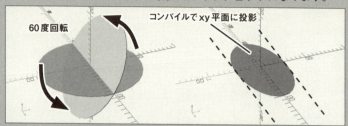

xy平面に平行ではない2Dオブジェクトをコンパイル

なお、コンパイル時に「2Dオブジェクト」と「3Dオブジェクト」が混在していると、警告が表示され、「3Dオブジェクト」は無視されます。
2Dオブジェクトで「.DXF」や「.SVG」を出力する場合は、3Dオブジェクトには上記の「projection」命令を適用（2D化）するなどして、2Dオブジェクトと3Dオブジェクトを混在させないようにしてください。

8-2 外部データ入力機能（import/surface）

■「import」による外部データの利用

「import」は、3Dや2Dのデータを読み込んで、それぞれ「3Dオブジェクト」や「2Dオブジェクト」として扱えるようにします。

「import」で読み込めるデータ形式は、3Dデータが「.STL」と「.OFF」、2Dが「.DXF」です。

※「.SVG」は現状、いったん「.DXF」に変換してから読み込む必要があります。

これらの読み込んだオブジェクトは、「移動」「回転」「拡大縮小」ができ、他のオブジェクトと「CSG演算」での加工も可能です。
また、2Dオブジェクトは、「linear_extrude」などを使って立体化することもできます。

8-2 外部データ入力機能（import/surface）

【「import」の書式】

```
import (file = "ファイル名",
        convexity = 10);
```

「file」パラメータは、入力するファイル名を「フルパス」または「ソースプログラム・フォルダからの相対パス」を、「ダブルコーテーション」(")で囲って指定します。

パスを指定しないと、「カレント・ディレクトリ」（通常はソースプログラムが保存されているところ）が検索されます。

> ※「相対パス」を使う場合、編集中のプログラムをいったん保存することで、プログラムがどこのフォルダに存在するか明確になるようにしておく必要があります。
> 　保存前に「プレビュー」や「Render」を行なうと、ファイルを見つけられず、エラーになります。

補　足

Windowsの場合、「フルパス/相対パス」で指定する際の「バックスラッシュ」(￥マーク)は、すべて2つ重ねてエスケープしておかないと、うまく読み込めません。

なお、Windows環境下で実験してみたところ、Linuxなどのように、フォルダの区切りに「スラッシュ」(/マーク1個)を使っても、読み込みファイルを指定できるようです。

> ※「import」と、次の「surface」の書式にある「convexity」の詳細は、**附録PDF**を参照してください。

■「surface」による外部データの読み込み

「**surface**」は、「テキストデータ」や「白黒のpng画像」を読み込んで、それらを元に立体を生成する命令です。

【「surface」の書式】

```
surface (file = "ファイル名",
         center = false,
         invert = false,
         convexity = 10);
```

読み込めるデータは、「テキストファイル」か、白黒の「.png画像」です。

157

第8章　ファイル入出力機能

テキストファイル上の「数値」や、png画像の「輝度データ」は、立体の「z軸」に適用されます。

> ### 補　足
>
> 　「テキストファイル」の場合、「数値」がそのままz軸の値（単位はmm）となり、各データを縦横1mm単位で配置した形で、折れ線でつないだ立体が生成されます。
> 　また、「白黒.png画像」の場合は、「輝度」がz軸になりますが、「黒」が0mm、「白」が100mmで、縦横は「1ドットあたり1mmの立体」として扱われるようです。
> 　縦横高さを、これ以外のピッチにしたい場合は、「scale」命令などでリサイズしてください。
> 　また、カラーの「.png画像」の場合は、自動でグレースケールに換算してから適用されます。

「file」パラメータは、「import」と同様に、入力するファイル名を「フルパス」か「相対パス」で指定します。

　なお、「テキストファイル」を入力する場合、各数値は「スペース」か「タブ」で区切ります。カンマ区切り(csvファイル)は読み込めません。

　また、データファイル中の行頭が「#」の場合、その行は「コメント行」と見なされます。必要に応じてメモを書き入れるのに使ってください。

＊

「center」パラメータは、中心を原点に合わせるかどうかの指定(true／false)です。省略した場合は「false」が適用されます。

＊

「invert」パラメータは、入力ファイルが「.png画像」の場合に、凹凸(z座標)を反転させるかどうかの指定(true/false)です。

　省略すると「false」となり、明るい部分のz軸が高く、暗い部分のz軸が低い立体になります(テキストファイルの場合は効果なし)。

【「import」と「surface」の使用例(import_and_surface.scad)】

```
// import golf tee up
translate ([8,0,0]) {
  scale (0.1) {
    import (file = "tee_up.STL",
            center = true);
```

8-2 外部データ入力機能（import/surface）

```
  }
}

//surface data.dat
surface(file = "data.dat",
        center = true,
        convexity = 5);

// display range for preview surface
%translate([0,0,3.5]) {
  cube([7,7,7],
       center =true);
}
```

【「surface」で読み込むテキストデータ(data.dat)】

```
#data.dat
9 0 3 4 3 0 0
0 3 5 6 5 3 0
3 5 6 7 6 5 3
4 5 7 7 7 5 4
3 5 6 7 6 5 3
0 3 5 6 5 3 0
0 0 3 4 3 0 0
```

※これらの「プログラム」「data.dat」および「tee_up.STL」を同じフォルダ
に保存してから実行してください。「相対パス指定」で読み込まれます。
　なお、「tee_up.STL」の代わりに、適宜読み込みたいファイル名を指定すれば、
読み込めるので、お好みのファイルを指定してください。

　実行すると、次の図のように、「0.1倍」(1/10) サイズに縮小したティーアッ
プと、「テキストデータ」(data.dat)の数値(座標値：単位＝mm)から生成した
立体が表示されます。
(ここでは、「surface」の入力に「テキストデータ」を使っていますが、白黒の
「.PNG」画像も同様の方法で読み込みが可能です)。

159

第8章　ファイル入出力機能

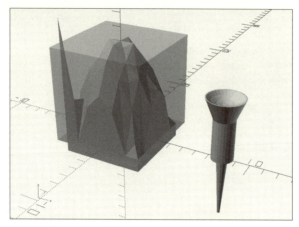

「surface」(左)と「import」(右)の実行結果

　これらの読み込んだ立体は、このような移動や拡大縮小だけでなく、「Action命令」で生成した立体などと同様に、「union」や「difference」などで加工することもできます。

8-3　ライブラリ入力機能（include/use）

　ここまでは、立体の造形一式を、「モジュール」や「関数」も含めて、「1個のプログラムの中」にまとめてきました。

　しかし、以前作ったプログラムの「共通的な機能」を「外部ファイル」として読み込んで使い回したり、ネットで公開されている「汎用的な機能」（**ライブラリ**）を利用すると、省力化することができます。
　また、大きくて複雑なプログラムを、機能ごとにファイルを分割すると、全体の仕様が管理しやすくなります。

　このように、以前作ったプログラムや、公開されているプログラムを、外部ファイルに分割された「汎用パーツ」（ライブラリ）として取り込んで利用する、「ライブラリ入力命令」について触れます。

8-3 ライブラリ入力機能（include/use）

■「include」と「use」

「ライブラリ入力命令」には、「include」と「use」の2つがあります。

これらの命令は、どちらも「OpenSCAD」のプログラムファイル（拡張子が「.scad」のファイル）を読み込んで、その中の機能を「ユーザー・プログラム」中で利用するための機能です。

読み込んで利用する際の「動作の違い」によって、これらの2つの命令は使い分けられます。

■「include」の動作

「include」命令で外部ファイルを読み込んだ場合は、もともとその場所に外部ファイルの内容を記述したのと同じように動作します（C言語の「include」と同じ機能）。

そのため、読み込んだファイル内で、「Action命令」の実行や、「モジュール」の呼び出しなどが記述されていると、その場所に記述されたときと同じように、命令が実行されます。

また、ライブラリ内の最上位層で定義されている変数（「module」や「fuction」ではなく、その外で定義されている変数定義）は、その変数名で参照することで「初期値」として利用できます。

この「初期値」は、呼び出し元プログラム側から上書きすることも可能です。

＊

上記については、言葉の説明では少し分かりにくいかもしれないので、のちほど「パンフルート」のプログラムを「ライブラリ」として再利用しながら、利用方法を眺めていきます。

その中で、「初期化されるもの/されないもの」「実行される命令/されない命令」といったあたりが理解できると思います。

■「use」の動作

「use」命令は、そのファイル内で定義されている「module」や「function」の定義内容だけを有効にする機能です。

そのため、ファイル内で「Action命令」（プリミティブの配置やモジュールの呼び出しなど）が記述されていても、その処理は実行されません。

161

| 第8章 | ファイル入出力機能 |

ファイル内で定義されている「module」や「function」は、「ライブラリ」を読み込んだプログラム側から呼び出されることで、はじめて実行されます。

また、ライブラリ内で定義している各「変数」(初期値)を、呼び出し元プログラム側から上書きすることはできません。

一方、そのファイルの中の「module」や「function」内で利用したり、呼び出し元プログラムから値を参照したりすることは可能です。

■「include」「use」の記述場所

通常、特に理由のない場合は、「include文」や「use文」は、プログラムの冒頭に記述してください。

(「include文」は、基本的にプログラムのどこでも記述可能ですが、「use文」を「module文」の内部で使うと、エラーになります)。

■「ライブラリ」の読み込み方法と「格納先フォルダ」

ライブラリのファイルを読み込むには、以下のようにファイル名を「不等号マーク」で囲って指定します。

```
include <ファイル名.scad>
または、
use <ファイル名.scad>
```

「ライブラリファイル」拡張子は、通常はプログラムと同じ「.scad」としておいてください。

また、「テキストファイル」であれば他の拡張子でも読み込めますが、通例として拡張子は「.scad」を使います。

つまり、普通の「OpenSCAD」用のプログラムと区別がありません。

*

「include」「use」で指定した「ライブラリファイル」は、①プログラムが保存されているところと同じフォルダ、②「OpenSCAD」の「ライブラリフォルダ」(後述)——の順で検索されます。

ただし、①は編集中の「呼び出し元プログラム」をいったんファイルに保存しておかないと、検索対象のパスが見つけられないのでエラーになります。

162

8-3 ライブラリ入力機能（include/use）

「プレビュー」「render」を行なう前に、保存を行なってください。

なお、ルートディレクトリからの「絶対パス」や、「ホームフォルダ」などからの「相対パス」を使って、「ライブラリファイル」の場所を明示指定することもできます。

> ※ 「include」や「use」でライブラリファイルを読み込む場合、「ファイル名」や「パス名」は「不等号記号」で囲って示します。
> 　「import」や「surface」の「file」パラメータとは異なり、「ダブルコーテーション」ではなく、「不等号記号」で囲うので、「バックスラッシュ」（\）を2つ重ねなくても、読み込みができるようです。
> 　なお、「バックスラッシュ」の代わりに、「スラッシュ」（/）を使っても、読み込むことができます。

■ どちらを使えばいいか

「include」「use」どちらを使って読み込んだらいいのかは、ライブラリによって異なります。

特に、ネットなどから入手したライブラリの場合は、そのライブラリの利用説明に従ってください。

*

「自作ライブラリ」（自作プログラム）の場合は、変数の「デフォルト値」を上書きしたい場合は「include」を使います。

この際、「ライブラリファイル」側で定義している変数のデフォルト値は、呼び出し元から上書きできますが、同時にライブラリ内で記述されている「Action命令」も実行されてしまうので、注意が必要です。

一方、（既存プログラムを流用するときのように）ライブラリ内で何らかの「Action命令」が書かれていて、それを実行したくない場合は、「use」を使います。

「use」の場合、「デフォルト値」は上書きされないので、「module」や「function」の動作を切り替えるためには、パラメータを使って「値」の引渡しを行なうように設計する必要があります。

*

「自作プログラム」をライブラリとして利用する場合には、このように、「ライブラリファイル内のAction命令の実行要否」「初期値の上書き可否」の点を踏まえて、どちらを使うかを決めてください。

特に、パラメータを上書きしたい※場合は、「include」を使います。

163

第8章 ファイル入出力機能

> ※「include」を使う場合、「include文」を書いたその場所に、「ライブラリファイル」の中身を記述したのと同じ扱いになります。
>
> そのため、ライブラリ内で定義している変数（初期値を設定した変数）は、呼び出し元プログラムと同じスコープが適用されます。
>
> その結果、「参照透過」となり、元プログラム側で同じ変数名で値を設定すると、値（初期値）はコンパイル時に上書きされます。

■ 作成ずみのプログラムを、「モジュール」として利用してみる

作成ずみのプログラムをライブラリとして再利用し、その中で定義されている「モジュール」を呼び出してみましょう。

保存してある「パンフルートのプログラム」を、ライブラリとして再利用してみます。

「パンフルート」のプログラム内では、筒1つぶんを作るモジュール「one_cylinder」が定義されています。

このモジュールを「部品」として呼び出してみましょう。

なお、ここでは保存してあった「パンフルート」のプログラム「pan_flute.scad」を、ライブラリとして利用しています。

以下のプログラムを、「pan_flute.scad」と同じフォルダに「library_call.scad」などで名前をつけて保存してから、実行してください。

保存前に実行すると、「pan_flute.scad」が読み込めず、エラーになります。

【「ライブラリ呼び出し」の例(library_call1.scad)】

```
use <pan_flute.scad>
    // try "include"  instead of "use"
T = 1;

for (i = [0:2:7]) {
  one_cylinder (n = i, y = 50);
}
```

8-3 ライブラリ入力機能（include/use）

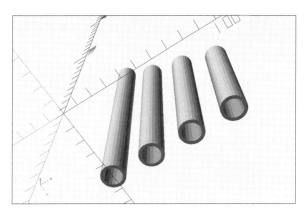

「ライブラリ呼び出し」の実行結果（「use」で読み込み）

　このプログラムでは、「パンフルート」の管の「偶数番目」のものだけを出力（1本おきに出力）するように、「for文」でループしています。

　この読み込まれた「パンフルート」の「ライブラリファイル」内では、初期値として、以下の5つの変数が定義されていました。

・l（小文字のL） …	各管の長さ（ベクトル）
・T …………………	管の肉厚
・R1 ………………	管の外側の半径
・R2 ………………	管の内側の半径
・P …………………	管同士の間隔

　そして、このプログラムでは、管の肉厚「T」を「1mm」で上書きしようとしています。

　しかし、ライブラリ呼び出しを「use」で行なうと、先ほどの実行結果のように肉厚は上書きされずに、「2mm」のままで出力されます。結果、肉厚2mmの管が4本だけ出力されます。

＊

　一方、この呼び出し命令を「use」から「include」に書き換えると、「ライブラリファイル」内（pan_flute.scad）に記述されている各「Action命令」が実行されます。
　そのため、先ほどの4本だけでなく、ライブラリ内の「Action命令」による8本も、同時に出力されます。

しかし一方で、肉厚「T」の初期値は上書きされており、12本すべて「1mm」の肉厚になっています。

先ほどの結果と比べて、管の肉厚が薄くなっていることに着目してください。

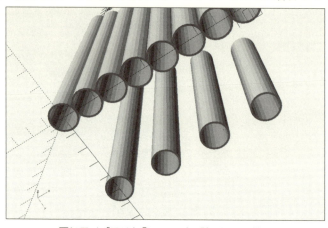

同じライブラリを「include」で読み込んだ結果

■「初期値」の上書きの是非

この例では、「include」を使うと、自由に「肉厚」を変更できるのは便利です。しかし、同様に「各管の長さ」も自由に書き換えができてしまいます。

管の長さは、音程にかかわる基礎数値なので、自由に書き換えられてしまうと、「パンフルート」の音程が狂ってしまいます。

このように、ライブラリの利用時にさまざまな値を上書き(再設定)できるのは、便利なように見えても、無用のトラブルを引き起こす原因にもなり得ます。

> ※この管の長さに限らず、ライブラリ内で使っている「変数名」と、呼び出す側のプログラムで別途使用している「変数名」が重なってしまうと、分かりにくいバグの原因となります。

音程に関わる「各管の長さ」を上書きされないようにするには、ライブラリの読み込みに「use」を使い、「T」(肉厚)は、初期値ではなく、「パラメータ」(引数)で渡す、という具合に設計を行なっておくと、「パンフルート」の場合は都合がいいでしょう。

*

このように、「初期値」とするか、「パラメータで渡すか」の視点も踏まえて、「use」と「include」を選択してください。

8-3 ライブラリ入力機能 (include/use)

不意なトラブルを避けるという意味では、「use」を使ったほうが安全だと言えそうです。

補 足

「include」で初期値の上書きを行なう際の注意点として、執筆時点の最新バージョン (2015.03) では、「include」を使う際に、初期値設定の上書きを行なう場合について、少し注意が必要なケースがあります。

ライブラリ側で使う変数の値を、元プログラム側で設定するとき、「OpenSCAD」は「関数型言語」のため、変数は「透明参照」となるはずです。
しかし、書き方によっては、本来の仕様どおりにならないケースもあります。

通常は、呼び出し元プログラム側で変数に値を代入すると、ライブラリ側で「初期値」を設定している変数値が上書きされます。
しかし、「include文」の記述や、「変数の代入処理」の記述の順序によっては、値がうまく上書きされません。
これは周知となっているバグですが、複数の変数間でデータを引き継ぎしていくようなレアケースなので、通常の使用で問題が生じることはほとんどないと思われます。

また、今後のバージョンで改善されていくものと思いますが、現在の仕様や、どのようなケースで問題が出るのか（サンプル・プログラム）は、次のページで確認してください。

https://en.wikibooks.org/wiki/OpenSCAD_User_Manual/The_OpenSCAD_Language#Use_and_Include

第8章　ファイル入出力機能

8-4　「外部ライブラリ」の利用

「OpenSCAD用のライブラリ」は、世界中の有志によって作られて、ネット上で公開されています。

こうしたライブラリを利用することで、複雑な立体を、少ない労力で作り上げることが可能になります。

そこで、これらの「外部ライブラリ」について、代表的なものを取り上げ、その使い方を説明します。

■「外部ライブラリ」の情報源

「OpenSCAD」の代表的なライブラリについては、「wikibooks」（ネット上で公開されているオープンソースのテキストサイト）の、「OpenSCADユーザマニュアル・ページ」などで紹介されています。

```
https://ja.wikibooks.org/wiki/OpenSCAD_User_Manual/Libraries
```

また、このページだけでなく、世界中のWebサイトで、さまざまなライブラリが公開されています（後述）。

英語圏のサイトが多いので、検索キーワードを英語にして検索してみると、目的のライブラリを見つけやすいと思います。

■「外部ライブラリ」の入手とインストール

「OpenSCAD」のライブラリファイルは、「.SCAD」形式の、いわゆる「テキストファイル・データ」です。

利用したいライブラリを公開しているページから、「.SCAD」形式のファイルをダウンロードして、PC上の「OpenSCAD」の「ライブラリ保存用フォルダ」に格納して利用します。

＊

ライブラリを格納するフォルダは、ファイルメニューから「File→Show Library Folder」と辿ると、別ウィンドウでエクスプローラ（ファイルマネージャ）が開きます。

このフォルダに格納したライブラリファイルは、「パス名」を指定しなくても、自動的に検索の対象となります。

8-4 「外部ライブラリ」の利用

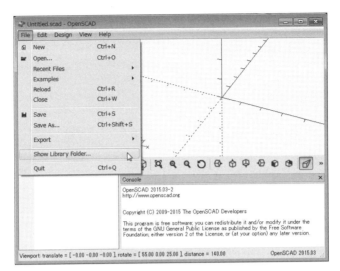

「ライブラリフォルダ」の参照方法

ダウンロードしたライブラリファイルを、このフォルダに格納したら、忘れずに「OpenSCAD」を再起動してください。

本書では、「OpenSCAD」のライブラリの中でも、特に汎用性が高く便利な3つのライブラリ、「MCAD」「threads」「Write」の使い方を説明します。

■「MCAD」ライブラリ

「MCAD」は、「ギア」や「ボルト」「ナット」「モータ用のマウント」などを造形できる、多機能なライブラリ群です。
以下の「GitHub」サイトのページで公開されています。

```
https://github.com/D1plo1d/MCAD
```

＊

使用例として、「インボリュート歯車」(もっとも一般的な高精度の歯車)を作ってみましょう。
「MCAD」のGitHubページには、たくさんの「.SCAD」ファイルが公開されています。その中から「involute_gears.scad」を入手します。

「involute_gears.scad」のリンクをクリックして開いたページにある、「RAW」と書かれたボタンを右クリックし、「名前をつけてリンク先を保存」で「ライブラ

第8章 ファイル入出力機能

リフォルダ」に保存してください。

```
https://github.com/D1plo1d/MCAD/blob/master/involute_gears.scad
```

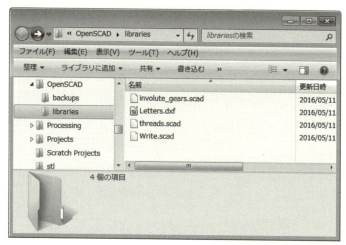

「ライブラリフォルダ」にファイルを格納

「ライブラリフォルダ」に格納したら、「OpenSCAD」を再起動します。
(「MCAD」ライブラリは、機能ごとに複数のファイルに分けられています。
「involute_gears.scad」の他にも使いたい機能があれば、一緒にダウンロードしておいてください)。

*

「インボリュート歯車」は、パラメータの指定方法が少し難解な部分もあるので、何種類か作りながら、パラメータの指定方法について補足していきます。

【「MCAD」で、シンプルな「インボリュート歯車」(gear_mcad_test.scad)】
```
include <involute_gears.scad>

$fn=100;

gear(number_of_teeth=10,
  circular_pitch = 900,
  circles = 4);
```

8-4 「外部ライブラリ」の利用

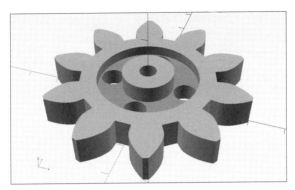

「MCAD」で作った、シンプルな「インボリュート歯車」

【「MCAD」で「ヘリカルギア(斜歯歯車)」(helical_gear.scad)】

```
include <involute_gears.scad>

$fn=100;

gear(number_of_teeth=10,
  circular_pitch = 900,
  pressure_angle = 20,
  clearance = 0,
  gear_thickness = 5,
  rim_thickness = 10,
  rim_width = 2,
  hub_thickness = 20,
  hub_diameter = 10,
  bore_diameter = 6,
  circles = 4,
  backlash = 0.01,
  twist = 5,
  involute_facets = 25);
```

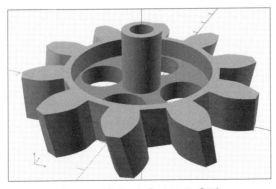

「MCAD」を使った「ヘリカルギア」

171

第8章 ファイル入出力機能

【「MCAD」で「ベベルギア(傘歯歯車)」(bevel_gear_flat.scad)】

```
include <involute_gears.scad>

$fn=100;

bevel_gear(number_of_teeth=10,
  cone_distance = 100,
  face_width = 50,
  outside_circular_pitch = 1500,
  pressure_angle = 20,
  clearance = 0,
  bore_diameter = 6,
  gear_thickness = 8,
  backlash = 0.01,
  involute_facets = 25,
  finish = bevel_gear_flat
    // bevel_gear_back_cone , bevel_gear_flat
);
```

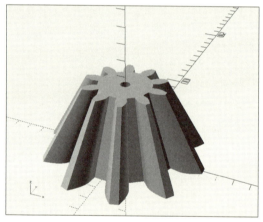

「MCAD」を使った「ベベルギア」

　「MCAD」の「involute_gears.scad」を使うと、このようにさまざまなギアを生成することができます。
(この他にも、「ベベルギア」のペアを一度に生成する「bevel_gear_pair」という命令も用意されています)。

8-4 「外部ライブラリ」の利用

■「MCAD」ライブラリのパラメータの指定方法

「MCAD」ライブラリのパラメータは、以下のようになっています。

共通パラメータ

パラメータ名	概　要
number_of_teeth	1周分の歯の数
circular_pitch	サーキュラー・ピッチ[1]
pressure_angle	歯の形状を決める圧力角[2]
clearance	歯と歯のかみ合い(歯先と根元)の深さ
gear_thickness	ギアの肉厚
rim_thickness	リムと歯の部分の厚み
rim_width	リム部分の幅(半径方向の幅)
hub_thickness	中央のハブ部分の厚み
bore_diameter	中心の穴の直径
circles	ギアの円板部分に空ける穴の数
backlash	バック・ラッシ[3]
twist	斜歯(はすば)の斜めの度合い
involute_facts	インボリュート曲線の分割数[4]

ベベルギア用パラメータ

パラメータ名	概　要
cone_distance	斜歯を細い側に延長したときに交差するところまでの長さ
face_width	歯車の厚み[5]
outside_circular_pitch	太い側のサーキュラー・ピッチ
finish	仕上げ方法[6]

これらのパラメータについて、何点か補足しておきます。

※1:サーキュラー・ピッチ

「サーキュラー・ピッチ」は、歯の先端と根元の中間付近(ギアを代表する半径/直径に相当)をつないで円に描いたときに、「1つの歯から次の歯までの間隔」(ギアのピッチの長さ)を表わします。

「歯の数」(number_of_teeth)と「サーキュラー・ピッチ」(circular_pitch)を指定すると、ギアの「直径」は自動的に定まります。

173

第8章 ファイル入出力機能

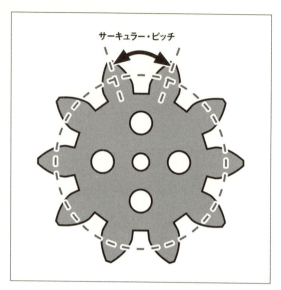

「サーキュラー・ピッチ」を表わすサイズ

　この「サーキュラー・ピッチ」は、ギアの歯の大きさを表わす「モジュール」と大きく関係する数値です。

　市販のギアは、歯の大きさを「モジュール」という数値で表記します。
(たとえば、小型模型用の市販ピニオンギアでは、モジュールは「0.5」など)。
　ギア同士を組み合わせる場合、この「モジュール」の値が同じもの同士しか組み合わせることができません。

　そして、「サーキュラー・ピッチ」(Cp)と「モジュール」(m)には、次の関係があるので、「サーキュラー・ピッチ」は「モジュール」の値から計算できます(なお、円周率πは、3.14159…です)。

Cp = m × π　(※一般の計算式)

　つまり、「モジュール」が「0.5」の市販ピニオンギアの場合、「サーキュラー・ピッチ」は「0.5×3.14≒約1.6mm」となります。

　「OpenSCAD」の場合、歯の大きさは、モジュールではなく「サーキュラー・ピッチ」を使って指定します。

*

ただし、ここで注意が必要になります。

この「サーキュラー・ピッチ」は、一般には「角度の単位」に「弧度法」(ラジアン)を使って計算した値が使われています。

一方、「OpenSCAD」では、説明した通り、角度の単位はすべて「度」を使っています。

そのため、「サーキュラー・ピッチ」で指定する値は、「ラジアン」と「度」の換算をしなければなりません。

「πラジアン＝180度」なので、換算は以下の計算式で行ないます。

Cp(OpenSCAD) = Cp(radian) ÷ π × 180

これを整理して、

Cp(OpenSCAD) = m (radian) × π ÷ π × 180

　　　　　　 = m × 180

つまり、

Cp = m × 180 （※ OpenSCAD の場合の計算式）

となります。

たとえば、モジュール「0.5」のギアを作る場合、「Cp」は「0.5×180＝90」と指定します。

また、先ほどの「サンプル・プログラム」では、「サーキュラー・ピッチ＝900」と指定していました。これを市販のギアのように「円周率＝π」を使って逆算すると、「サーキュラー・ピッチ＝900÷180×π＝15.71mm」、「モジュール＝900÷180＝5」のギアということになります。

※2:圧力角

「圧力角」は、歯車の歯を「ラック歯型」(歯車の歯の並びを直線状に伸ばしたもの)にしたときに、歯の「傾斜角」が何度になるかを表わした数値です。

近年市販されている一般的なギアでは、通常、「20度」が用いられます。

175

なお、ギアを組み合わせる場合は、この値が同じもの同士である必要があります。特に要件がなければ、「20」を指定してください。

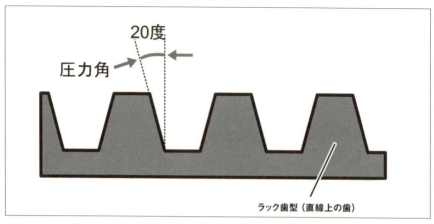

「ラック歯型」と「圧力角」

※3:バック・ラッシ

　歯車同士を噛み合わせたときの、「歯と歯の間の間隙」(遊び)のことです。
　「0」(ゼロ)であることが理想なのですが、現実的な機械加工精度や、歯車同士の摩擦によるロスなどの観点から、通常の歯車には若干の「バック・ラッシ」が設けられます。

※4:インボリュート曲線の分割数

　歯面の「インボリュート曲線」は、少々複雑な曲線をしており、「cylinder」などの単純な立体からは生成できません。
　そのため、「MCAD」内部では「polyhedron」を使って造形しています。

　曲面が微小な「ポリゴン」の集まりで近似しており、この曲面の「分割数」の指定です(歯の曲線部分に対する「$fn」のニュアンスと理解してください)。
　大きい数値を指定すると滑らかな曲面になり、小さい値を指定すると荒い曲面になります。
　用途や処理時間などを加味して、調整してください。

※5:歯車の厚み

　ベベルギアの歯車の、「厚み」の指定です。
　正確には「歯先部分の長さ」のことで、ベベルギアの歯は斜めなので、この指

定値より少し薄いギアが生成されます。

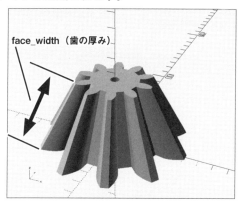

ベベルギアの歯車の厚み

※6：仕上げ方法

ベベルギアの「細い側」の仕上げ形状を、「bevel_gear_flat」または「bevel_gear_back_cone」で指定します。
(サンプル・プログラム中の「finish」パラメータを、「bevel_gear_flat」から「bevel_gear_back_cone」に修正して、両者の違いを確かめてみてください)。

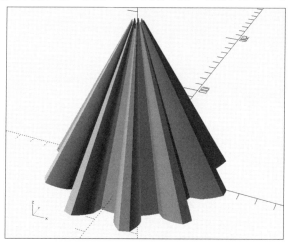

「bevel_gear_back_cone」を指定した場合

第8章 ファイル入出力機能

■「threads」ライブラリとは

「threads」は、「ミリネジ」(ISOネジ)や「インチネジ」(ウィットネジ)を生成できるライブラリです。

次のサイトでファイル(threads.scad)が公開されています。

```
http://dkprojects.net/openscad-threads/
```

＊

ここでは、「ミリネジ」の例として、長さ「10mm」の「M6ボルト」を作ってみます。

ISO規格の「M6ボルト」は、ネジの軸部分の直径が「6mm」で、らせんのピッチが「1mm」と定まっているので、それを元に造形します。

次のプログラム内で、「metric_thread」が「ミリネジ」を生成する命令です。

【「threads」による「M6ボルト」のプログラム(threads_m6.scad)】

```
use <threads.scad>

metric_thread (diameter=6,
               pitch=1,
               length=10);

translate ([0, 0, 10]) {
  cylinder (r = 11.5 / 2,
            h = 4,
            $fn = 6);
}
```

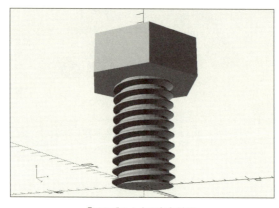

「M6ボルト」の出力結果

8-4 「外部ライブラリ」の利用

■「threads」ライブラリのパラメータの指定方法

「threads」ライブラリで利用しているパラメータについて、解説します。

「threads」ライブラリのパラメータ①

パラメータ名	概　要
diameter	らせん部分の直径（半径ではない）
pitch	らせんのピッチ
length	ネジの長さ

また、これら以外にも次のようなパラメータがあります。

ライブラリのプログラムソース中に、コメント文でこれらの詳しい使用サンプルが載っているので、参考にしてください。

「threads」ライブラリのパラメータ②

パラメータ名	概　要
internal	「true」を指定すると。軸の直径がナット側のサイズ（溝が内側）になる（デフォルト＝falseで、ボルト側のサイズ）
n_starts	ネジの溝数（ネジの条数、デフォルト＝1）
thread_size	溝の幅（デフォルト＝ピッチと同じ）
groove	「true」を指定すると、溝が掘られる指定（デフォルト＝falseで溝を掘らず山型に盛る）
square	「true」を指定すると、溝を山型ではなく矩形にする（デフォルト＝falseで山型に加工）
rectangle	「square」を指定した場合に、溝の幅と深さの比を指定（デフォルト＝1）
angle	ネジ山の尖り具合の角度（ISOネジのデフォルト＝30）

「ボルトヘッド」については、「ISOネジ規格」に合わせて、直径を「11.5mm」、厚み「4mm」として、「cylinder」に「$fn=6」を指定し、六角形のボルトヘッドにしています。

必要に応じて、角や辺に「面取り」などの加工を行なってください。

「ボルト」ではなく「ナット」を作りたい場合は、「internal＝true」を指定した立体を作っておいて、「difference」を使ってナット本体からくり抜いて作ります。

第8章 ファイル入出力機能

また、「逆ネジ」を作る場合は、「mirror」命令を使って反転することで作成してください。

＊

なお、「インチネジ」（ウィットネジ）は「english_thread」命令を使い、「pitch」パラメータの代わりに、「threads_per_inch」（1インチあたりの山の数）を指定します。直径や長さはインチ指定です。

【「インチネジ」（W1/4）の指定方法の例】

```
english_thread (diameter=1/4,
                threads_per_inch=20,
                length=1);
```

■「Write」ライブラリとは

「Write」は、立体の上に「テキスト文字」を使って、文字を書くライブラリです。もう少し正確に言うと、「厚みのある文字の立体」を生成するライブラリです。

次のサイトの「Thing Files」というタブをクリックすると、関連ファイルの一覧があります。

簡単な機能だけなら、「Write.scad」と「Letters.dxf」の2ファイルだけでも動作可能です。

いろいろな機能を利用したい場合は、ここにおいてあるファイルをすべてダウンロードして、ライブラリ保存先のフォルダに保存してください。

---

http://www.thingiverse.com/thing:16193

たくさんのファイルがあるので、「サブフォルダ」を作って格納しておくといいでしょう。

本書では、この2ファイルだけをダウンロードして、他のライブラリファイルと同じフォルダに置いてあることを前提として説明していきます。

＊

機能的には「text」命令と似ていますが、「Write」を使うと球や円柱の「曲面の上」に貼り付くような文字や、「アーチ状に配置」した文字を書くこともできます。

ただし、フォントは一般的な「TTF」ではなく、「DXF」を使った、独自の「ベクターフォント・データ」を利用しているので、日本語などの「マルチバイト文

字」での利用はサポートされていません。

＊

「Write.scad」には、次の4つの機能が搭載されています。

・writecylinder ……円柱の曲面上に文字を配置。
・writecircle ………文字をアーチ状に配置。
・writesphere ……球の曲面上に文字を配置。
・writecube ………立方体や直方体の、面の中央に文字を配置。

ここでは、利用例として、「writesphere」を使い、「球の上」に文字を配置してみます。

＊

次のプログラムでは、「wirtesphere」命令を使って、球の上に「Hello」という文字列を彫り込んでいます。

彫られた文字は、その表面が「球」に沿って曲面になっていることに着目してください。

【「球」の上に文字を配置するプログラム(write_sample.scad)】

```
use <Write.scad>

$fn = 100;
difference () {
  translate ([0,0,0]) {
    sphere (10);
  }
  writesphere (text = "Hello",
               where = [0,0,0],
               radius = 10,
               rounded = true,
               spin = 15,
               h = 3,
               t = 4,
               rotate = 10);
}
```

第8章 ファイル入出力機能

「Write」で球の上に文字を描画したところ

■「Write」ライブラリのパラメータ指定方法

「Write」ライブラリのパラメータについて、解説します。

「Write」は、他の命令のパラメータや、各命令で共有しているパラメータも含めると、たくさんのパラメータが使われており、すべては紹介しきれません。

そのため、このプログラム例で使っている代表的なパラメータだけを解説します。

*

まず、「writesphere」命令に固有のパラメータです。

「writesphere」命令固有のパラメータ

パラメータ名	概　　要
text	表示するテキスト文字列の指定
where	球の中心の位置の指定 (x,y,zの3要素のベクトル)
radius	球の半径

それ以外の命令と共用しているパラメータが、以下になります。

8-4 「外部ライブラリ」の利用

他の命令との共用パラメータ

パラメータ名	概　要
rounded	彫った溝の底の部分を、曲面の輪郭に沿って丸めるか(true)、平面状にするか(false)を指定(デフォルト＝false)
spin	角度を指定して、時計回りに文字列を回転
h	文字の大きさ(デフォルト＝4)
t	文字を掘り込む深さの指定(デフォルト＝1)
rotate	角度を指定して、1文字1文字を回転

　このプログラムを参考にしつつ、ライブラリのソースプログラム「Write.scad」を眺めると、これら以外の命令やパラメータについても、用途と指定方法が理解できると思います。

■ 「TTFフォント」に対応している、「text_on_OpenSCAD」ライブラリ

　なお、「Write」に似た機能をもちつつ、「TTFフォント」に対応している「text_on_OpenSCAD」ライブラリというものもあります。

---

https://github.com/brodykenrick/text_on_OpenSCAD

　「text_on_OpenSCAD」ライブラリは、「TTF」や「マルチバイト文字」にも対応しています。

　ただし、1文字単位で見ると、「Write」の「rounded」パラメータ指定とは異なり、文字自体が曲面に沿って曲がって貼りつくのではなく、1文字ごとの表面は平面のままで、文字の連なりだけが曲面に沿って貼り付けられる、という動作になっています。
（「Write」が独自フォントを使っていて、「text_on_OpenSCAD」が「TTFフォント」を使っているあたりに、その違いの原因があります）。
　「TTFフォント」を立体上に配置したい場合は、この「text_on_OpenSCAD」を利用してみてください。

■ その他の「外部ライブラリ」について

　本書では、「MCAD」「threads」「Write」という、代表的な3つのライブラリについて、その使い方を触れました。

183

第8章 ファイル入出力機能

「OpenSCAD」の醍醐味、利点の最も大きな部分は、その柔軟な拡張性にあり、そしてその拡張性は「外部ライブラリ」を利用することで得られます。

本書で触れた3つのライブラリ以外にも、たくさんの便利な「外部ライブラリ」が公開されています。

「こういう機能が欲しい」と思ったものについては、とりあえず検索してみると、すでに作られていることが多いでしょう。

＊

たとえば、プロペラは「openscad library propeller」、スプラインやモーフィングは「openscad library spline」などと検索してみると、有用なライブラリが見つかると思います。

こうしたライブラリすべてについて触れることはできませんが、「OpenSCAD」のライブラリは、当然ながら「OpenSCAD」の文法に沿って書かれています。

頑張ればプログラムの仕組みを読解することは、充分に可能でしょう。

＊

もちろん、そうは言っても、本書で触れた3つのライブラリファイルの中身を見ると判るとおり、処理の中身はそれぞれ複雑で、実際に中身を理解するのは困難なことが多いかもしれません。

しかし、ライブラリの中身すべてを理解しなくても、「パラメータの指定方法」程度なら、本書の内容を基にすれば、十分判断できるはずです。

また、パラメータの設定の仕方や動作内容は、それぞれのライブラリの「サポートページ」や「ソース中のコメント文」などで説明されています。

そのため、それほど苦労せずに、使い方を掴めると思います。

> ※どちらかというと、MCADのように、「ギアとはどのようなパラメータを指定して作られるのか」のような、CADソフトとは別の次元の、「工業規格」や「数学」「物理学」などの知識や技術に関わる事項のほうが、各ライブラリを利用する上での課題になります。

OpenSCADを使って複雑なものを作ろうと思った時、すでにそうした機能を実現するライブラリが存在している可能性は十分にあります。世界中のユーザが日々新しいライブラリを提供してくれています。

そうしたライブラリを利用して、「いい意味」で手を抜いて、3Dの造型を楽しめるのが、OpenSCADと言えるかもしれません。

「附録PDF」について

工学社のホームページから、「アフィン変換」「算術関数」といった高度な機能と、「3Dプリンタの基礎知識」「キーボードショートカット」などの内容を説明した「附録PDF」をダウンロードできます。

■「maltmatrix」で「アフィン変換」

「multimatrix」で「アフィン変換」を行なうと、立体の「回転」「拡大縮小」「移動」「変形」といった機能を、直感的な数値指定で制御できます。

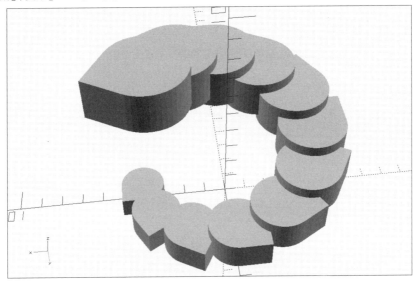

雨粒型の立体の「大きさ」「向き」「位置」を、
「アフィン変換」で変化させながら、渦を巻くようなパスで配置

■ 文字列データ

「文字列データ」は、その名のとおり「文字情報」を扱えるデータ形式で、これを利用すれば変数に文字列を格納できます。

「文字列データ」は、「text」命令と組み合わせることで、「文字の2Dオブジェクト」を扱う際に利用できます。

「附録PDF」について

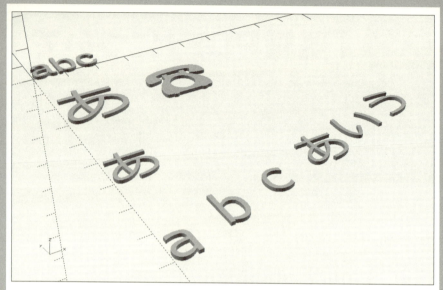

「text」による「文字の2Dデータ」の出力例

■ polyhedron

「polyhedron」とは、「3D-CAD」や「3D-CG」の場合、「ポリゴンで構成される多角形の立体」のことを指します。

「OpenSCAD」では、複雑な曲面を表現するときなどに利用されます。

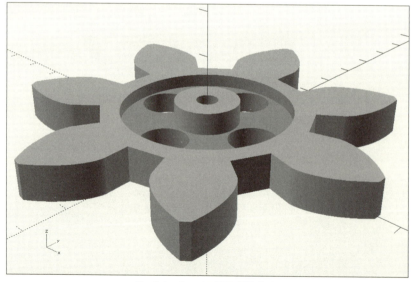

「polyhedron」の利用例(ギア)

「附録PDF」について

■ 算術関数

本書で紹介した「sin」「cos」の他にも、さまざまな算術演算子が用意されています。

たとえば、「lookup」という関数を使うと、「線形補間」が利用できます。

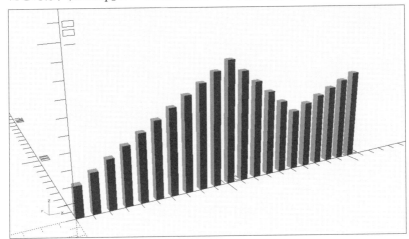

4つのデータ点から「線形補完」を使って棒グラフを作る

■ 凸包(hull)

「hull」(ハル)は、「覆い、カバー」の意味で、2つ以上のオブジェクトを元にして、「凸包」(いちばん出っ張った部分を結んだ図形や立体)を生成する修飾命令です。

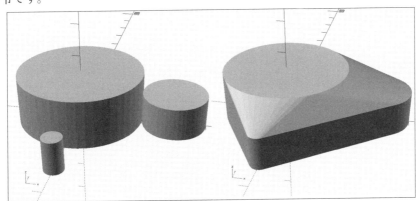

「hull」で大小3つの円柱を結ぶ

「附録PDF」について

■ minkowski

「minkowski」(ミンコフスキー)は、2つの立体を元にして、「ミンコフスキー和」を生成する修飾命令です。

「ミンコフスキー和」は、「Fillet」(丸め加工)を行なう際に利用されます。

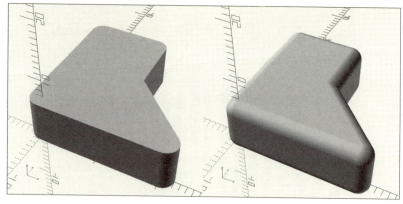

「minkowski」で丸め加工

■ offset

「offset」は、指定した「2Dオブジェクト」の外側、もしくは内側に、一定量のオフセットを施す修飾命令です。

一般的な3D-CADソフトの「Fillet」(丸め加工)や「chamfer」(面取り)と似た効果を加えます。

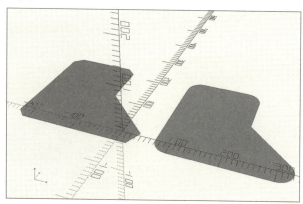

「offset」で面取り(左)と丸め加工(右)

「附録PDF」について

■修飾命令が作れる「children( )」と「$children」

「children( )」や「$children」は、ユーザー独自の「修飾命令」を作るときに使う機能です。

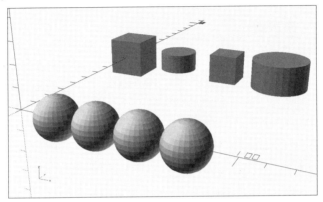

ユーザー定義の「修飾命令」を使って、立体を繰り返し配置

■「アニメーション」の表示

OpenSCADには、立体物を時間に沿って動かしたり変形させたりする、「アニメーション表示」の機能があります。

複数の絵を描いて、それをパラパラ漫画のように表示する感じでアニメーションが行なわれます。

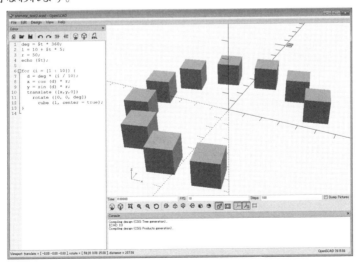

「アニメーション表示」で立方体が回転しながら広がる例

索 引

50音順

《あ行》

あ アイコン 30
い イテレータ 117
　移動 56
　色変更 62
　インストール 18
　インデント 60
う 薄皮のノイズ 101
え エッジ 41
　エラー 145
　円 76
　遠近表示法 40
　円柱 52
お 押し出し加工 82
　折りたたみ 32

《か行》

か 回転 56,135
　回転体 85
　外部データの利用 156
　外部ライブラリ 168
　拡大縮小 61
　角度 135
　関数 65,107
　関数型言語 13,04
　カンマ 78
き 起動 22
　球 51
　共通部分の取り出し 62
　行番号表示 32
　鏡面反射 62
く 繰り返し処理 117
　くり抜き 58,62
　グレーで透過表示 98
け 警告 145
こ コメント 65
　コンソール・エリア 28,34

《さ行》

さ サイズ指定 61
　座標 41
　座標軸 41
　サブウィンドウ 39
　三項演算子 139
　算術関数 135
　参照透過 115
　サンプルを開く 24
し 自動インデント機能 31
　修飾命令 55
　修飾命令の適用順 57
　条件判断処理 136
　新規作成 23

《た行》

す スコープ 121
せ 正射影表示 40
　正方形 77
　セミコロン 56
そ 造形作業の流れ 12,46

《た行》

た ダウンロード 18
　足し合わせ 62
ち 中括弧 58
　直方体 52
て データの出力 148
　テキスト・エディタ 26,30
　テキスト編集機能 31
　手続き型言語 13
　デフォルト値 109
と 動作環境 16
　透明度変更 62
　ドキュメントルートに仮定 97
　特殊変数 88

《な行》

に 二重ループ 128
ね ネスト 128
の ノンヒストリ型 9

《は行》

は バージョンアップ情報 21
　ハイライト表示 97
　配列 78
　パッケージ・マネージャ 21
　パラメータ名 53
　反復子 117
ひ 比較演算子 138
　ヒストリ型 9
　非表示 97
　ビューイング・エリア 27,30,32,50
ふ ファイルメニュー 29,35
　ブーリアン演算 55
　フォールディング機能 32
　副作用 115
　プリミティブ立体 11
　プレビュー 38
　分解能 51,88
へ ベクトル 78,117
　ベクトル・データ 151
　ヘルプページ 24
　辺 41
　変形 55
　変数 108,112
ほ 保存 72
　保存ファイルを開く 22
　ポリゴン 12,42,79

索 引

《ま行》
も モジュール ……………………… 65,104
　 文字列の描画 …………………………… 77

《ら行》
ら ライブラリ ………………… 14,65,160
り 立方体 …………………………………… 52
　 履歴 ……………………………………… 9
れ レンダリング …………………………… 38

《わ行》
わ ワイヤーフレーム ……………………… 42

アルファベット順

《A》
Action命令 ………………………………… 55
auto ………………………………………… 62

《B》
Boolean operations ……………………… 55
B-Reps …………………………………… 46

《C》
center ……………………………………… 55
circle ……………………………………… 76
color ……………………………………… 62
cos ……………………………………… 135
CSG演算 ……………………… 12,46,62
cube ……………………………………… 52
cylinder …………………………………… 52
C言語 ……………………………………… 13

《D》
difference …………………………… 58,62

《E》
echo ……………………………………… 110
Example ………………………………… 24
export …………………………………… 148

《F》
for文 ………………………………… 117,134
function ………………………………… 106

《H》
Help ……………………………………… 24

《I》
if文 ……………………………………… 136
import …………………………………… 156
include ………………………………… 161
intersection ……………………………… 62
intersection_for ……………………… 134

《L》
len(l) …………………………………… 132
lenear_extrude ………………………… 82

《M》
matrix …………………………………… 78
mirror …………………………………… 62
modifier character ……………………… 96
module ………………………………… 106

《N》
New ……………………………………… 23

《O》
Open ……………………………………… 24

《P》
polygon ………………………………… 79
PPA ……………………………………… 20
projection ……………………………… 152

《R》
resize …………………………………… 61
rotate …………………………………… 56
rotate_extrude ………………………… 85

《S》
scale ……………………………………… 61
sin ……………………………………… 135
sphere …………………………………… 51
square …………………………………… 77
str(i) …………………………………… 143
surface ………………………………… 157

《T》
text ……………………………………… 77
Thrown Together ……………………… 42
Transfomations ………………………… 55
translate ………………………………… 56

《U》
union …………………………………… 62
use ……………………………………… 161

記号・数字
! ………………………………………… 97
………………………………………… 97
$fa ……………………………………… 88
$fn ……………………………………… 88
$fs ……………………………………… 88
% ………………………………………… 98
* ………………………………………… 97
/* … */ ………………………………… 66
// ………………………………………… 65
? ……………………………………… 139
2Dオブジェクト ………………………… 75
2Dプリミティブ ………………………… 75
3D-CADソフト ……………………… 7,10
3D-CGソフト …………………………… 10

■著者略歴

nekosan

ソフト開発系のエンジニア。
ネットで見かけた「電子制御の自作赤道儀」に興味をもち、
自分も作ってみようと思って電子工作を始める。
いつの間にか、手段と目的を取り違えてしまい、電子工作を
趣味にして十数年。今に至る。

運営サイト：http://picavr.uunyan.com/

【主要著書】

Edison & ArduinoではじめるIoT開発
はじめての「123D Design」
「Raspberry Pi」でつくる電子工作
マイコンボードArduinoではじめる電子工作　　　　（工学社）

本書の内容に関するご質問は、
① 返信用の切手を同封した手紙
② 往復はがき
③ FAX (03) 5269-6031
　（返信先のFAX番号を明記してください）
④ E-mail　editors@kohgakusha.co.jp
のいずれかで、工学社編集部あてにお願いします。
なお、電話によるお問い合わせはご遠慮ください。

サポートページは下記にあります。

［工学社サイト］
http://www.kohgakusha.co.jp/

I/O BOOKS

基礎からのOpenSCAD

平成28年7月25日　初版発行　ⓒ 2016	著　者	nekosan
	編　集	I/O編集部
	発行人	星　正明
	発行所	株式会社 工学社

〒160-0004 東京都新宿区四谷 4-28-20 2F

電話　　（03）5269-2041 (代) ［営業］

　　　　（03）5269-6041 (代) ［編集］

※定価はカバーに表示してあります。　　振替口座　　00150-6-22510

印刷：シナノ印刷 (株)

ISBN978-4-7775-1961-3